Impressum

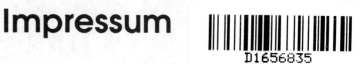

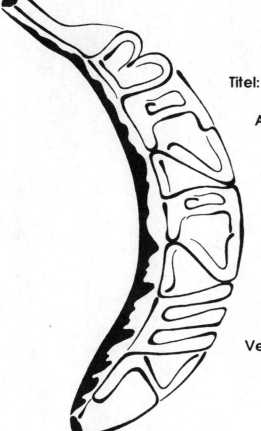

Titel:	BANANEN - Eine Aktionsmappe
Autor:	Jörg Ratz in Zusammenarbeit mit Edition diá
Unter Mitarbeit von:	Barbara Vogel
Redaktion:	Winfried Kneip Wilfried Stascheit
Zeichnungen und Layout:	Monika Helwig
Druck:	Druckerei Uwe Nolte, Schwerte
Verlag:	Verlag an der Ruhr Postfach 10 22 51 Alexanderstraße 54 4330 Mülheim an der Ruhr Tel.: 0208 / 49 50 40 Fax: 0208 / 495 0 495

© Verlag an der Ruhr, Juli 1990

ISBN 3-927279-50-1

Kopieren für die Schule und die Lerngruppe

Als Käufer dieses Materials erhalten Sie für Ihre Klasse das Recht, Kopien in entsprechender Menge für Unterrichtszwecke zu ziehen.
Wir sind die letzten, die Ihnen verbieten würden, dasselbe eventuell auch noch im nächsten Jahr oder für eine Parallelklasse zu machen.
Vor jedem weiteren Gang zum Kopierer halten Sie aber ein und überlegen sich folgendes:
Mit der Herstellung dieser Materialien ist viel Arbeit verbunden, von den AutorInnen, von den RedakteurInnen, von den SetzerInnen, von den LayouterInnen, von den DruckerInnen, vom Vertrieb, von der Verbuchung usw. usw.
Wir bemühen uns, die Geldbeträge für diese Arbeiten möglichst niedrig zu kalkulieren (das können Sie durch Vergleichen unschwer nachprüfen), außerdem zahlen wir auch Autorenhonorar in der Höhe, wie es von der IG Medien (zum Teil erfolglos) gefordert wird.
Trotzdem oder deswegen haben wir 5 neue Arbeitsplätze geschaffen.
Raubkopien sind eine Mißachtung der geistigen Arbeit anderer Menschen und können auch beruflich Existenzen gefährden.

Wir hoffen, Sie verstehen das, und danken dafür.

Dasselbe noch einmal juristisch:
Urheberrecht und Vervielfältigungen
Dieses Werk ist urheberrechtlich geschützt. Alle Rechte der Wiedergabe, auch in Auszügen, in jeder Art (Fotokopie, Übersetzungen, Mikroverfilmung, elektronische Speicherung und Verarbeitung) liegen beim Verlag. Der Verlag räumt dem Käufer dieses Werkes das Recht zur einmaligen Kopie für die Stärke einer Lerngruppe ein. Zuwiderhandlungen können strafrechtlich verfolgt werden und berechtigen den Verlag zu Schadensersatzansprüchen.

INHALT:

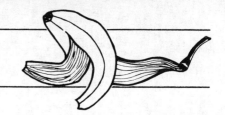

BANANEN - EINLEITUNG

    Bananenbuch   6
    Bananen - Fragebogen   7

BANANEN - KULINARISCH

    Rezepte   8
    Bananenfresser - Zum Ausmalen   11
    Bananentest   12

BANANEN - DIE FRUCHT

    Porträt einer Südfrucht   14
    Die unbekannte Frucht   15
    Bananen zum Ausmalen   16
    3000 Jahre Bananen   17
    Eine kleine Geschichte der Banane   18
    Woraus besteht die Banane?   19

BANANEN - KÜNSTLERISCH

    Alles Banane   20
    Bananenmode   21
    Ein Bananenschiff zum Essen und Basteln   22
    Warum ist die Banane krumm?   23

BANANEN - DER ANBAU

    Darum ist die Banane krumm!   24
    Die Bananenstaude   26
    Wanted - Die Banane   28
    Wo kommen die Bananen her?   29
    Wo wächst die Banane?   30
    "Bananenbilder" zum Ausmalen   31

BANANEN - DIE ANBAULÄNDER

    - oder: Wen macht die Banane krumm?   33
    Theaterstück "BANANA"   34
    Kinder in Lateinnamerika   37
    Ein Lied   38
    Plantagen   43
    Bananen und Pestizide   44
    Die Ernte   46
    Noch ein Lied   48
    Die Packstation   49
    Der Lohn für's Packen   51
    Ein Rollenspiel   52
    "Bananenrepubliken"   53
    Beispiel: Honduras   54

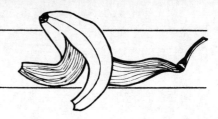

BANANEN - DER WELTMARKT

Die Konzerne	55
Widerstand gegen die Konzerne	57
Entwerfe, Gestalte, Denke, Texte ...	58
Das Experiment von Isletas	59
UEPB	59
Beispiel: Nicaragua	60

BANANEN - DER MARKT

Vom Hafen zum Verbraucher	61
Wer verdient an den Bananen?	62

BANANEN - DIE ALTERNATIVEN

Die Gelbsucht der Chiquita	64
Wie die Nica-Banane nach Europa kam	65
Was man tun kann: Die AG Nica-Bananen	66
Die Bananenfrauen	67
Bananenbrief der AG Nica-Bananen e.V.	69
Info- und Verkaufsaktionen - Vorschläge	70
Es geht nicht nur um Nicaragua	71
"Bananenpresse"	73

BANANEN - TIPS UND HINWEISE ZU LITERATUR UND MATERIALIEN 74

Für die Grundschule

Für die Sekundarstufe I

Für die LehrerInnen

Die Kennzeichnung der Seiten für die verschiedenen Schulstufen unsererseits ist nur als **VORSCHLAG** zu verstehen. Sicherlich lassen sich viele Seiten auch leicht verändert für die jeweils andere Stufe einsetzen.

BANANEN - EINLEITUNG

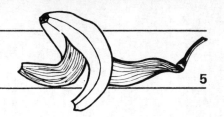

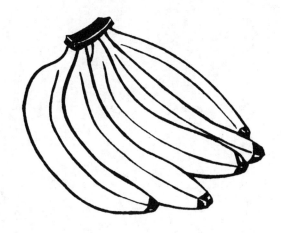

Warum ausgerechnet Bananen?

Wer denkt schon, wenn er eine Banane ißt, an "Dritte Welt"? An die Armut, die Ungerechtigkeit und die Unterdrückung, die dort herrschen? Und doch legt jede Banane ein ganz konkretes Zeugnis ab über die Situation der Menschen in diesen Ländern, sie ist ein Produkt ihrer Unterdrückung.

"Uns sind Produkte aus der Dritten Welt zur Selbstverständlichkeit geworden. Über ihre Herkunft machen wir uns häufig keine Gedanken. Daß Ungerechtigkeit eine ungleiche Verteilung der Güter zwischen Industrie- und Entwicklungsländern bedeutet, einseitige Abhängigkeiten bestehen, die Dritte Welt die Preise für ihre Produkte diktiert bekommt, daß auf ihren Böden Nahrungsmittel für den Export in die Industrieländer angebaut werden, das hören wir nicht gerne. Erst recht glauben wir, daß dies keine Themen für unsere Kinder sind.
Wer pädagogisch situativ arbeiten will, begegnet der Dritten Welt in Bananen, Tee, Kaffee, Schokolade, Zucker, sowie in vielen Rohstoffen unserer Kleidung und Gebrauchsartikeln.
An Produkten der Dritten Welt können wir weltwirtschaftliche Zusammenhänge, gegenseitige Abhängigkeiten und Gemeinsamkeiten aufzeigen. Kinder interessiert, wo die Banane herkommt und wer damit zu tun hat."

Dies schreiben die Autoren eines Materialbandes über Peru, ein Land der "Dritten Welt". Nehmen wir ihren Anspruch ernst, so ergibt sich daraus, ganz konkret anzufangen beim Alltag der Kinder, bei ihrer Nahrung, die unter anderem aus Produkten der "Dritten Welt" besteht.

Dieses Buch will, im Rahmen des Unterrichts und am Beispiel der Banane, bewußt machen, was hinter einem solchen Produkt steckt, das wir beinahe täglich und bedenkenlos konsumieren. Es will im spielerischen und handelnden Umgang mit dem Material zeigen, daß Bananen nicht so "einfach" auf den Tisch kommen, wie es den Anschein hat, und den Kindern etwas von den Problemen und der Lebenssituation der Menschen in den Ländern der "Dritten Welt" näherbringen, Menschen einer Welt, der auch sie angehören.

Es will Lust machen auf eine Entdeckungsreise in diese Länder, und nicht zuletzt Appetit machen auf dieses Thema.

Das Buch bietet Arbeitsmaterialien, Anregungen und Hintergrundinformationen, die eine direkte Verbindung herstellen sollen vom Genuß einer Banane zu den Lebensbedingungen der Arbeiter auf den Plantagen, es will spüren lassen, was Abhängigkeit und Ausbeutung heißt.
Am Beispiel der Bananen lassen sich gut die Strukturen des Handels mit Früchten aus der "Dritten Welt" im Allgemeinen darstellen. Die Schüler sollen aufgefordert werden, anhand dieses ganz konkreten Beispiels selber nachzufragen, selber etwas zu erfahren über Marktstruktur und Welthandel, und so zum eigenen Nachdenken kommen über einen anderen Umgang mit dessen Produkten - und letztlich zu einer anderen Einstellung gegenüber der "Dritten Welt".

Das Buch behandelt zwei Hauptaspekte: Zum einen stellt es die Banane als Frucht dar, unter ihren historischen, botanischen und geographischen Gesichtspunkten, zum andern beschäftigt es sich mit deren Vermarktung, und damit zusammenhängend mit der Situation der Menschen in den Anbauländern, auf den Bananenplantagen, die die Opfer dieser Vermarktung sind.

Dazu will es Perspektiven aufzeigen, diese ungerechte Marktstruktur des Bananenhandels aufzubrechen und zu einer gerechteren Vermarktung beizutragen.

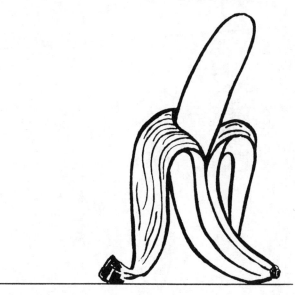

Bananenbuch

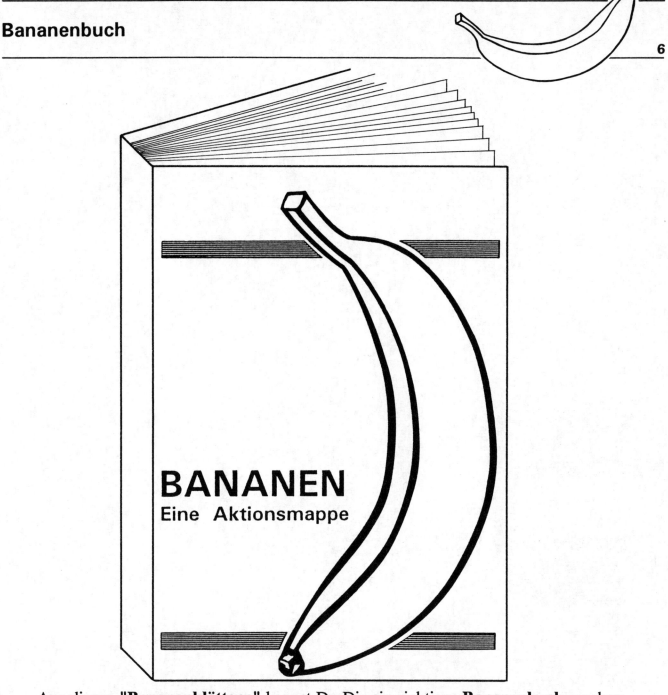

Aus diesen "**Bananenblättern**" kannst Du Dir ein richtiges **Bananenbuch** machen.

Dazu brauchst Du nur einen Schnellhefter oder eine Sammelmappe.

- Welche Farbe wählst Du für Dein "**Bananenbuch**"?

- **Ideen für die Titelseite:**

    Bananenaufkleber sammeln und damit Muster kleben.

    Aus Zeitschriften Bananen ausschneiden und zu einem "Bananenbild" zusammenkleben.

    Aus Zeitschriften oder Zeitungen Buchstaben ausschneiden und immer wieder das Wort BANANE aufkleben

    Groß

    klein . . . . .

Dir fällt bestimmt noch mehr ein!

Bananen - Fragebogen

1. Magst Du Bananen?   Sehr gern ☐

   gern ☐

   es geht ☐

   nein ☐

2. Wie viele Bananen ißt Du in der Woche?

3. Kannst Du Dich an Deine erste Banane erinnern?

   ☐ ja

   Wie alt warst Du?

   _____ Jahre

   Wie hat sie Dir geschmeckt?

   _____

   _____

   _____

   ☐ nein

   Frage Deine Mutter, ob sie noch weiß, wann Du das erste Mal eine Banane oder Bananenbrei gegessen hast. Schreibe auf, was sie Dir erzählt hat!

   _____

   _____

   _____

4. **Und nun die Preisfrage:**

   Warum ist die Banane krumm?

   Antwort: (wenn Du sie nicht weißt, erfinde eine!)

   _____

   _____

Rezepte

BANANEN - KULINARISCH

Man kann auf einer Bananenschale ausrutschen (welcher Trottel tut das schon?), man kann sich mit Bananen duellieren (Zieh!), man kann mit Bananen jemandem eine Nase drehen, und man kann sie auch einfach essen- eine vielseitige Frucht also, die Banane.

Hier ein paar Rezepte, auf wie viele Arten man sich Bananen zu Leibe führen kann, um Euch Appetit zu machen auf unsere Entdeckungsfahrt, und um Euch für die Reise zu stärken.

- **BANANENQUARK**

Für den Quark nimmt man:
**2 reife Bananen
500 Gramm Sahnequark
1/8 Liter Milch
3 EL Zucker**

Du füllst den Quark in eine Schüssel und rührst sie mit der Milch und dem Zucker an. Die Bananen schneidest Du in Scheiben oder zerdrückst sie und rührst sie unter den Quark. Zum Essen füllst Du den Quark in kleine Schalen.

Fertig zu kaufen gibt's Bananenjoghurt (im Lebensmittelladen), Bananenflocken (in Öko-Läden und einigen Lebensmittelläden) und Bananentee (in Teeläden).

- **BANANENMILCH**

Du brauchst dazu:
**3 reife Bananen
1/2 Liter Milch
2 Eßlöffel Zucker**

Die Bananen werden geschält und dann in einer Schüssel oder einem hohen Gefäß mit der Gabel zerdrückt. Dann gibst Du die Milch und den Zucker dazu und rührst mit einem Schneebesen so lange, bis es schaumig wird. Anschließend füllst Du die Bananenmilch in Gläser.

- **BANANENEIS**

Für das Eis brauchst Du:
**2 reife Bananen
1/8 Liter Milch
1/8 Liter Sahne**

Die Bananen werden in einer Schüssel mit einer Gabel zerdrückt und mit der Milch verrührt. Dann schlägst Du die Sahne und mischst sie darunter. Du stellst die Schüssel in ein Eisfach und läßt sie dort ein paar Stunden, bis das Eis gefroren ist.
Du kannst auch fertiges Bananeneispulver kaufen, das Du in Milch geben und gut mit dem Schneebesen schlagen mußt. Danach wird es im Eisfach gefroren.

Rezepte

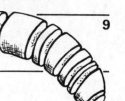

Und hier noch einige Bananenrezepte aus Nicaragua, die etwas schwieriger zuzubereiten sind. Vielleicht machst Du sie gemeinsam mit Deiner Mutter oder Deinem Vater.

- **PLATANOS MADUROS HORNEADOS**
  (Reife Gemüsebananen im Backofen)

Für 4 Personen:
3 reife Gemüsebananen
2 Tassen Wasser
3 EL Zucker Butter

Die Bananen schälen und in einem Topf mit dem Wasser und dem Zucker zugedeckt bei geringer Hitze leicht kochen, bis das Wasser verdampft ist. Mit Butter bestreichen und im Backofen bei 220 Grad Celsius (Gas Stufe 4) ca. 20 Minuten backen, so lange, bis sie eine goldbraune Farbe bekommen haben.

- **MADURO EN GLORIA**
  (Gebackene Gemüsebananen)

Für 8 Personen:
2 reife Gemüsebananen
2 Tassen Milch
1/4 Tasse Zucker
4 EL Sahneschichtkäse
1 EL Stärkemehl
1/2 TL gemahlener Zimt
1/2 TL Vanillezucker
1 EL Butter Schweineschmalz

Die Gemüsebananen in Scheiben schneiden und im heißen Schmalz braten, bis sie goldbraun sind. Den Zucker mit dem Stärkemehl und dem Zimt vermischen, dann in der Milch auflösen. Den Käse und die Vanille dazugeben und gut umrühren.
Ein Backblech mit der Hälfte der Butter einfetten, die Hälfte des Teiges hineinlegen, die gebratenen Bananenscheiben darauflegen und mit dem restlichen Teig zudecken; die andere Hälfte der Butter in kleinen Flokken darüber verteilen. Das Ganze im Backofen bei 200 Grad Celsius (Gas Stufe 3) eine halbe Stunde lang backen.

aus: Angélica Vivas, Cocina Nica - Rezepte aus Nicaragua, edition con, Bremen 1986

- **BANANEN - RHABARBER - AUFLAUF**

3 Bananen
Saft einer halben Zitrone
8 Stangen roter Rhabarber
4 EL Zucker
1 Messerspitze gemahlene Nelken
3 Eiweiß
6 EL Zucker
1 TL Zitronensaft

Bananen schälen. In dicke Scheiben schneiden. Mit Zitronensaft beträufeln. Rhabarber waschen und in Stükke schneiden. Zucker daraufstreuen. Nelkenpulver drüberstäuben. Mit den Bananen mischen. In eine gefettete Auflaufform füllen. In den vorgeheizten Ofen schieben und bei 200 Grad Celsius (Gas Stufe 4) 20 Minuten lang backen.
Eiweiß mit Zucker und Zitronensaft steifschlagen. Auf die Obstmasse geben. Wieder in den Ofen schieben und bei gleicher Temperatur überbacken.
Wichtig: Heiß servieren
Beilage: Vanillesoße.

Rezepte

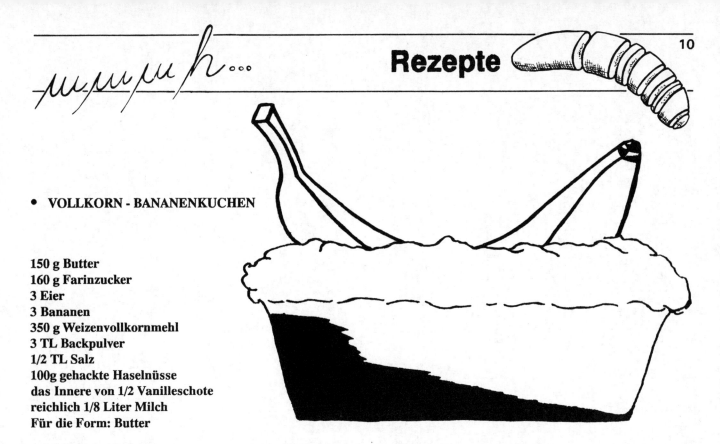

- **VOLLKORN - BANANENKUCHEN**

150 g Butter
160 g Farinzucker
3 Eier
3 Bananen
350 g Weizenvollkornmehl
3 TL Backpulver
1/2 TL Salz
100g gehackte Haselnüsse
das Innere von 1/2 Vanilleschote
reichlich 1/8 Liter Milch
Für die Form: Butter

Eine Kastenkuchenform von 30 cm Länge mit Butter ausstreichen. Die Butter mit dem Zucker schaumig rühren und nach und nach die Eier untermischen. Die Bananen schälen, mit einer Gabel zerdrücken und unter die Schaummasse mischen. Das Mehl mit dem Backpulver mischen und mit dem Salz, den Haselnüssen und dem Inneren der Vanilleschote abwechselnd mit der Milch unter den Teig rühren. Den Teig in die Kastenkuchenform füllen und den Kuchen auf der unteren Schiebeleiste im Backofen bei 200 Grad Celsius (Gas Stufe 4) 50 Minuten backen.

aus: Rezeptheft der AG3WL-Region Niedersachsen

Vielleicht findet Ihr noch mehr Rezepte mit Bananen. Eurer Phantasie sind keine Grenzen gesetzt.

- **BANANEN - ORANGEN - KONFITÜRE**

1/2 Liter frisch gepreßter Orangensaft
Saft von 1 Zitrone
500 g reife Bananen (geschält gewogen)
1000 g Gelierzucker
1 TL Ingwerpulver

Den Orangensaft mit dem ausgepreßten Zitronensaft vermischen und zusammen mit den in Scheiben geschnittenen Bananen in einen hohen Topf geben.
Den Zucker hinzufügen und alles unter ständigem Rühren erhitzen. 4 Minuten heftig sprudelnd kochen lassen.
Die Ingwerwurzel schälen und auf einer feinen Reibe über der Konfitüre reiben. Die Ingwerstückchen sofort unterrühren und die noch heiße Konfitüre in gut gereinigte Gläser füllen. Die Gläser sofort verschließen.

VERANSTALTET EIN

"BANANENFRÜHSTÜCK"

Einige Anregungen: Verwandelt Eure Klasse in einen Bananenwald oder in einen Dschungel. Malt dafür auf große Bögen Packpapier Bananenstauden, exotische Pflanzen, Blumen, Vögel, Affen, Raubtiere.

Besorgt Euch gelbe und grüne Servietten für die Dekoration der Tische.

Vielleicht findet Ihr auch Musik aus Lateinamerika, z.B. Salsa-oder Sambamusik. Es gibt auch Lieder über Bananen (z.B. "Banana Boat" von Harry Bellafonte, "Theo", den Bananenbrot-Song, oder den Schlager "Ausgerechnet Bananen"). Oder den Song "Bananas" aus dem Hörspiel "Banana", das es auf Schallplatte gibt. Fragt Eure Eltern oder Lehrer, ob sie Euch bei der Suche helfen könnten.

Sicher fallen Euch noch mehr Sachen ein, wie Ihr Euer Fest gestalten könnt. Steuert alle die Gerichte, Getränke, Süßspeisen, Gebackenes, Gefrorenes bei, die Ihr selbst mit oder ohne Hilfe zu Hause oder in der Schule gemacht habt.

Macht Photos von Eurem Bananenfrühstück und klebt sie in ein **"Bananenbuch"**, das jeder von Euch mit Hilfe Eures Lehrers oder Eurer Lehrerin herstellen kann und in dem Ihr Geschichten, Bilderund alles, was Euch zur Banane einfällt, sammelt.

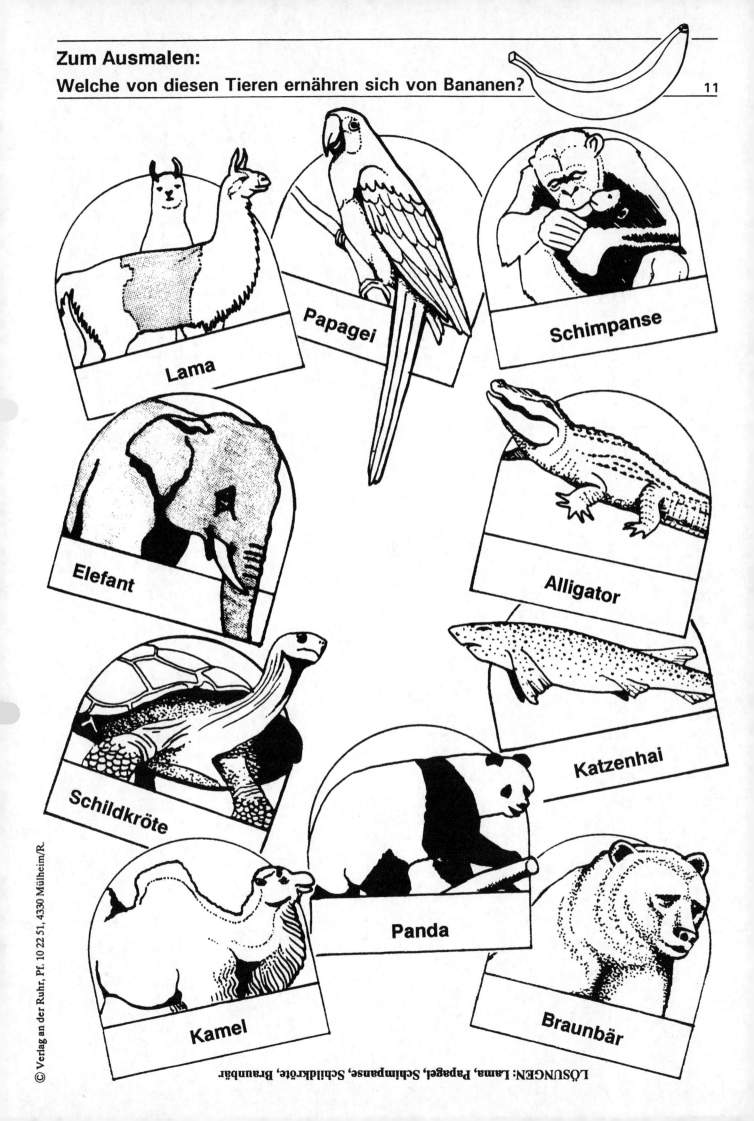

Bananentest

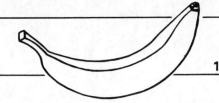

1. Du brauchst 4 grüne Bananen und 1 gelbe. Untersuche die gelbe Banane. Sie besteht aus:

   _____   _____   _____

   Schäle eine grüne Banane. Was fällt Dir auf?

   _____

   _____

2. Probiere! Wie schmeckt die grüne Banane?

   _____

   _____

3. Laß die restlichen Bananen liegen. Nach ☐ Tagen sind sie gelb. Schäle eine gelbe Banane. Was fällt Dir auf?

   _____

   _____

4. Probiere! Wie schmeckt die gelbe Banane? Vergleiche mit dem Geschmack von vorher.

   _____

   _____

5. Laß die restlichen Bananen liegen. Nach ☐ Tagen werden sie dunkel und bekommen viele braune Punkte oder Flecken. Schäle eine solche Banane. Was fällt Dir auf?

   _____

   _____

6. Probiere! Wie schmeckt die gefleckte/gepunktete Banane. Vergleiche!

   _____

   _____

7. Warte, bis die letzte Banane außen ganz braun ist.
Das dauert ☐ Tage. Drücke sie vorsichtig. Was merkst Du?

_____
_____

Wie sieht sie jetzt wohl von innen aus? Schreibe Deine Vermutungen auf!

_____
_____

8. Schäle die braune Banane vorsichtig. Was fällt Dir auf? Die Bananenschale ist ...

_____

Das Fruchtfleisch ist ...

_____

9. Koste und vergleiche den Geschmack mit vorher. Die Banane schmeckt jetzt ...

_____

10. Wann schmeckt Dir die Banane am besten?

Wenn sie **grün** ☐
          gelb ☐
          gefleckt/gepunktet ☐
          braun ☐   ist.

11. Wann kann man die Bananen am besten **riechen**?

_____

BANANEN - DIE FRUCHT

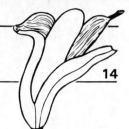

Porträt einer Südfrucht

Warum ist die Banane krumm? Blöde Frage, gewiß. Aber was weißt Du eigentlich über die Banane, die so selbstverständlich zum Angebot unserer Obstläden gehört, daß wir sie schon längst nicht mehr als exotisch empfinden? Begeben wir uns auf eine Entdeckungsfahrt, die uns in die Länder führen wird, aus denen die Banane kommt.

• Die Banane ist eine Südfrucht. Welche anderen Südfrüchte kennst Du?

• Aus welchen Ländern kommen sie?

• Frage einmal in einem Obstladen, was für Südfrüchte es in seinem Angebot gibt, und aus welchen Ländern sie stammen.

• Mache eine Liste. Kann eine Frucht auch aus verschiedenen Ländern kommen?

Name	Herkunftsland
ORANGEN	ISRAEL, SPANIEN ...

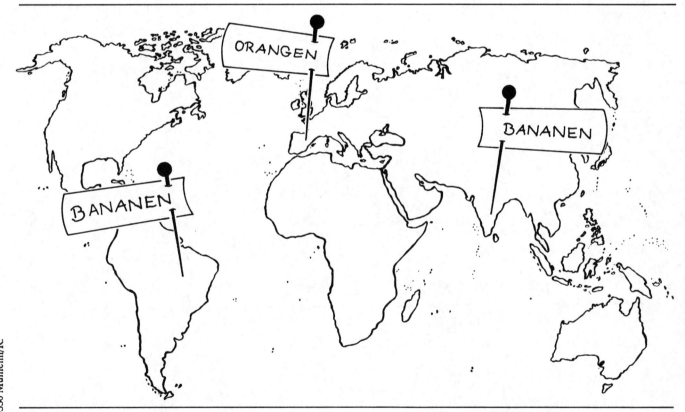

• Gibt es bestimmte Zeiten für bestimmte Früchte oder kann man sie das ganze Jahr über kaufen? Warum ist das so?

• Es gibt auch Früchte, die bei uns wachsen, aus südlichen Ländern bei uns zu kaufen, z.B. Äpfel aus Neuseeland. Warum?

• Zeichnet eine Karte mit den sechs Erdteilen. Nehmt für jeden Erdteil ein Blatt und klebt die Blätter auf einen großen Karton.

• Bastelt Euch Fähnchen aus farbigen Stecknadeln und Papierstreifen, auf die Ihr die Namen der verschiedenen Früchte geschrieben habt. Steckt sie in die jeweiligen Herkunftsländer der Früchte. Welchen Weg nehmen die Früchte bis zu uns? Fragt bei Eurem Obsthändler nach.

Die Banane - die unbekannte Frucht

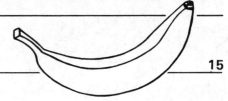

"Unser kleiner Bungalow war von Bananenstauden umgeben- aber wie schon die Ananas bereiteten mir auch die Bananen eine herbe Enttäuschung. Ich hatte mir vorgestellt, daß ich nur die Hand auszustrecken brauchte, um eine Banane vom Baum zu pflücken und zu verzehren. Aber so geht man in Honolulu nicht mit Bananen um. Sie sind eine wichtige Einnahmequelle und werden unreif geerntet. Aber obwohl ich sie nicht vom Baum essen konnte, hatte ich doch die Möglichkeit, mich an einer unglaublichen Vielzahl von Sorten gütlich zu tun, wie ich das nie für möglich gehalten hätte... In Honolulu gab es ungefähr zehn verschiedene Sorten. Es gab rote Bananen, große Bananen, kleine Bananen auch Eiscremebananen genannt, das Innere weiß und flaumig-, Kochbananen und so weiter. Die Apfelbananen hatten wieder einen anderen Geschmack. In bezug auf Bananen wurde ich sehr wählerisch!"
... schreibt Agatha Christie, die britische Kriminalschriftstellerin, von einer ihrer vielen Weltreisen.
(zitiert nach: Aufriß- Schriften des Zentrums Industriekultur Nürnberg, Nürnberg 1982)

- Wußtest Du, daß die Banane, die wir bei uns im Laden bekommen, nur eine von vielen Arten ist?

- Versuche herauszubekommen, wieviele Bananensorten es gibt. Schaue in einem Lexikon nach oder frage einen Obsthändler.

- Gibt es auch andere als die üblichen Bananensorten bei uns zu kaufen?

- Wie sieht "unsere" Banane aus? Male ihre Form auf.

- Woran erinnert Dich ihre Form? Schreibe alles auf, was Dir dazu einfällt:

    Kralle, Mond...

_____

_____

_____

_____

_____

_____

Der Name "Banane" kommt übrigens aus dem Arabischen und bedeutet Finger (arabisch: banan).

- Woraus besteht eine Banane? Untersuche, welche Bestandteile sie hat:

_____

_____

_____

_____

Wie stellst Du Dir Eiscremebananen, Kochbananen oder Apfelbananen vor? Male auf ein Extrablatt!

- **Welche dieser Bananen ist die, die man bei uns bekommt?
  Male sie farbig aus!**

16

3000 Jahre Bananen

Die Banane ist eine der ältesten Kulturpflanzen der Erde. Ursprünglich kommt sie - in ihrer wildwachsenden Form - vermutlich aus den feuchtheißen Dschungelgebieten Südostasiens.

- Wo liegt das? Schaue auf die Karte.

- Worin besteht der Unterschied zwischen wildwachsenden und Kulturpflanzen?

- Wie entstehen Kulturpflanzen?
  - *durch Züchtung, Auslese ...*

- Gibt es Beispiele von wilden und Kulturpflanzen auch bei uns?

wilde Form	Kulturform
Wilde Kirsche	Süßkirsche
Gras, wildes Getreide	Getreide

MACHEN WIR EINE ZEITREISE:

Sie führt uns 3000 Jahre in die Vergangenheit, ins alte Indien. Dort wurde die Banane zum erstenmal als Kulturpflanze angebaut. Alexander der Große lernte sie dort auf seinen Eroberungsfeldzügen kennen. Auch aus dem alten China gibt es Berichte über den Anbau von Bananen in Plantagen.

Wir müssen uns nun ins Jahr 650 unserer Zeitrechnung begeben, um die Banane in unseren Breiten wiederzufinden, in Palästina und Ägypten. Von da verbreitete sie sich durch arabische Sklaven- und Elfenbeinhändler quer über den afrikanischen Kontinent bis nach Guinea am Atlantik.

Fahren wir weiter auf unserer Zeitreise ins Jahr 1402, in dem die ersten Bananenplantagen auf den Kanarischen Inseln angelegt wurden. Von dort wandert die Banane 1516 nach Santo Domingo (heute Dominikanische Republik) und wird bald im karibischen Raum und auf dem mittel- und südamerikanischen Festland zum Grundnahrungsmittel für die einheimische Bevölkerung.

Noch einmal 350 Jahre müssen wir reisen, bis ans Ende des letzten Jahrhunderts, um mitzuerleben, wie nordamerikanische Geschäftsleute beginnen, die Banane in größerem Rahmen anzubauen, und zwar vor allem in den Ländern Mittelamerikas und in Kolumbien, um sie in andere Länder auszuführen. Dies ist der Beginn des großen Geschäftemachens mit Bananen.

- Versuche, die einzelnen Stationen der Banane auf der Karte zu verfolgen. Die Anfangsbuchstaben geben Dir einen kleinen Hinweis. Markiere den Weg der Banane mit Pfeilen. Eine ganz schön abenteuerliche Reise, findest Du nicht?

Eine kleine Geschichte der Banane

Eine 65jährige Berlinerin erzählte mir, wie sie kurz nach dem Krieg, nach der Währungsreform, zum ersten Mal eine Banane aß. Sie war aus dem heutigen Polen nach Berlin geflohen und hatte diese komische Frucht vorher nur auf Bildern gesehen. Jetzt sah sie sie zum ersten Mal bei einem Obstverkäufer, und es war eine Kuriosität für sie. Damals zahlte man einen Groschen dafür. Sie fand, daß sie sehr gut schmeckte.

- Frage einmal Deine Eltern, Deine Großeltern oder ältere Menschen, die Du kennst, wann sie zum ersten Mal eine Banane gegessen haben.
- Kannst Du Dich noch erinnern, wann Du zum ersten Mal eine Banane gegessen hast?

Heute kann man Bananen in jedem Laden und an jeder Straßenecke kaufen, und ihr Anblick ist ganz gewöhnlich.

- Aber wie lange gibt es Bananen schon bei uns, und wie kam es, daß sie den langen Weg aus Lateinamerika zu uns herüberfanden?

Die ersten Bananen kamen zu Anfang unseres Jahrhunderts nach Deutschland. Als die erste Schiffsladung mit zwölf Büscheln Bananen von den Kanarischen Inseln in Bremen ausgeliefert wurde, konnte niemand etwas mit ihnen anfangen, und es war schwer, Käufer für diese exotische Frucht zu finden.
Lange Zeit waren die Kanarischen Inseln die einzige Lieferquelle für Bananen. Sie wurden in Watte, Papier und Stroh gewickelt, in Holzkisten verpackt und auf dem Deck der Dampfer gestapelt, damit sie nicht verdarben.
Bananendampfer mit Kühl- und Belüftungsmaschinen, die für ausreichend frische Luft für die Bananen sorgten, gingen zunächst nur nach England. 1909 wurden von dort erstmals 745.000 Büschel nach Deutschland geliefert, 1913 waren es schon 2.258.800 Büschel.

- Was kann beim Transport und bei der Verpackung alles mit den Bananen passieren?

Transport	Verpackung
Verfaulen...	Quetschen, Stoßen...

Schon vor dem 1. Weltkrieg setzten sich Ärzte und Wissenschaftler für eine Verbreitung der Banane als Volksnahrungsmittel ein. Sie war das ganze Jahr lieferbar, auch für Kinder geeignet und nahrhafter als Kartoffeln und Getreide.

Es dauerte jedoch noch lange, bis nach dem 2. Weltkrieg, bis die Bananen sich als tägliches Nahrungsmittel durchsetzten. Der Versuch, sie in den deutschen Kolonien in Afrika anzubauen, scheiterte aufgrund mangelnder technischer Voraussetzungen.

So blieb sie "eine Kuriosität, den meisten Beschauern ein Rätsel. Dagegen ist die Frucht Englands und Amerikas Schuljugend wie Arbeiterschaft ein längst bekanntes Obst - eine Banane kostet dort ja kaum zwei Pfennige, bei uns im Durchschnitt das Fünffache!", wie Richard Rung zu Anfang des Jahrhunderts schrieb.

Erst als die Verpackung und der Transport verbessert und beschleunigt werden konnten und mit einer veränderten Einstellung der Bevölkerung in bezug auf die Ernährung, konnte sich die Banane in Deutschland langsam durchsetzen.

1937 waren es 146.800 Tonnen, 1973 ganze 700.000 Tonnen Bananen, die über Bremen und Hamburg nach Deutschland eingeführt wurden. Und heute sind es die Deutschen, die auf der Welt am meisten Bananen essen: 1973 aß jeder Deutsche im Jahr 10,9 Kilogramm Bananen, 1987 11,3 Kilogramm!

- Wieviele Bananen sind das?
- Was sind die Vorteile des Bananenessens?

Woraus besteht die Banane?

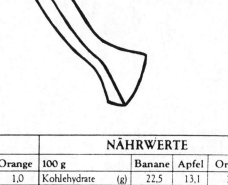

Bananen bestehen zum größten Teil aus Wasser (70 Prozent) und aus Kohlehydraten (20 Prozent). Sie enthalten wenig Fette und sind sehr vitaminreich. Außerdem sind sie leicht verdaulich.

- Schau Dir einmal die Tabelle an und vergleiche die einzelnen Werte mit denen von Orangen und Äpfeln. Wie schneidet die Banane ab?

VITAMINE					MINERALIEN					NÄHRWERTE				
100 g		Banane	Apfel	Orange	100 g		Banane	Apfel	Orange	100 g		Banane	Apfel	Orange
A	(mg)	0,038	0,008	0,015	Natrium	(mg)	1,0	2,0	1,0	Kohlehydrate	(g)	22,5	13,1	11.9
E	(mg)	0,5	0,6	-	Kalium	(mg)	382,0	127,0	189,0	Protein	(g)	1,1	0,3	1,0
B 1	(mg)	0,05	0,03	0,09	Calcium	(mg)	8,0	7,0	42,0	Fett	(g)	0,2	0,4	0,2
B 2	(mg)	0,06	0,03	0,04	Phospor	(mg)	27,0	11,0	22,0	Energie	(g)			
B 3	(mg)	0,7	0,2	0,4	Magnesium	(mg)	36,0	6,0	14,0	Kilokalorien		96,0	57,0	53,0
C	(mg)	11,0	7,0	50,0	Eisen	(mg)	0,7	0,4	0,4	Kilojoule		402,0	238,0	222,0
Total	(mg)	12,35	7,87	50,55	Fluor	(mg)	0,02	0,01	0,01	Faserstoffe	(g)	4,0	3,0	1,0
					Jod	(μg)	0,06	0,04	0,05					
					Total	(mg)	454,72	153,41	268,41					

Quelle: Die große Nährwert-Tabelle. Institut für Ernährungswissenschaft der Universität Gießen, 1983.

Schon zu Anfang unseres Jahrhunderts dachte man daran, die Banane als Volksnahrungsmittel einzuführen, anstelle der Kartoffel, was damals wegen des langen Frachtweges noch nicht durchführbar war.

- Kannst Du Dir vorstellen, warum?

Bananen haben übrigens von Natur aus einen hohen Stärkegehalt und nur einen geringen Zuckergehalt (im Verhältnis 20 : 1). Erst nach der Ernte, bei der die noch grünen Bananen von der Pflanze abgetrennt werden und damit ihr Wachstum unterbrochen wird, wandelt sich die Stärke in Zucker um, so daß sich das Verhältnis von Stärke und Zucker nun umkehrt (1 : 20). Erst dadurch bekommt die Banane ihren süßen Geschmack.

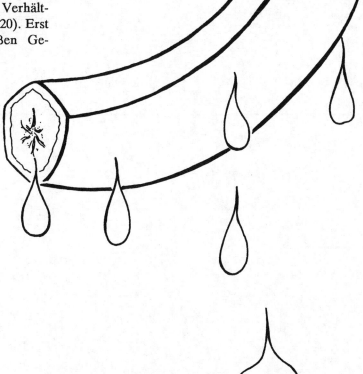

BANANEN - KÜNSTLERISCH

In einigen Städten Deutschlands, wie z.B. in Köln oder in Berlin, haben ein paar Künstler "Bananenbüros" gegründet.
Sie hatten die Idee, die Banane zur Kunst zu machen: Sie sprühten Bananengraffitis an öffentliche Gebäude und veranstalteten Ausstellungen, bei denen sich alles um die Banane drehte.

DAS KÖNNT IHR AUCH!

- Versucht selbst, aus den unterschiedlichsten Materialien Bilder, Objekte, Aktionen mit Bananen zu machen, die die Vielseitigkeit der Banane ausdrücken.

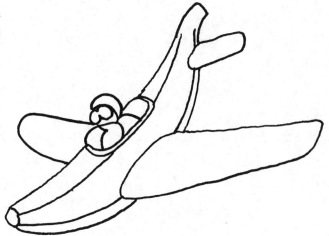

Alles Banane

Stellt euch eine Welt vor, die aus lauter Bananen besteht. Wie sähe diese Bananenwelt aus? Male oder beschreibe sie!

Malt Muster aus Bananen, z.B. einen Bananenstern.

Oder malt ein Bild, wie ihr euch die Heimat der Banane vorstellt! Malt die Dörfer, die Menschen, die Bananenfelder, den Dschungel.

Macht eine Bananenausstellung, in denen ihr Eure Werke zeigt.

Die Bilder oder Photos von Euren Bananenfiguren kommen in Euer **"Bananenbuch"**!

Bananenmode

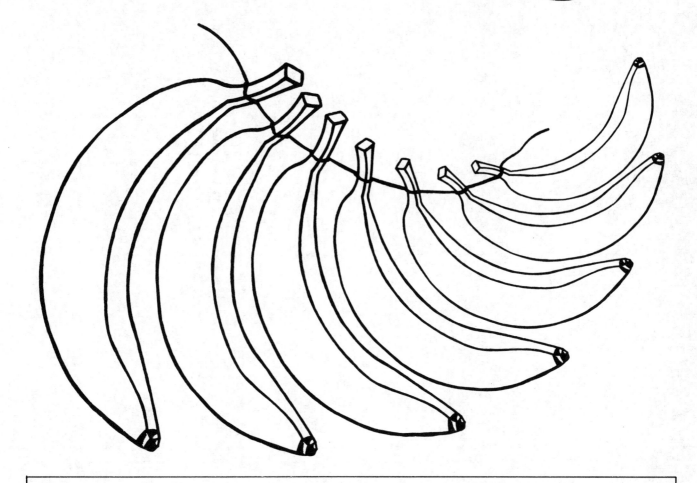

Aus Bananen, Zwirn und ein bißchen Geschick kann man sich auch "Bananenkleidung" herstellen. Bringt Bananen mit - und dann dürft Ihr nacheinander ausprobieren. Die Ergebnisse werden fotografiert!

Aus den "Mode-Bananen" kann man hinterher leckere Bananenmilch oder Bananenbrote herstellen:

Mhmmm ...   *Guten Appetit*

Wenn die Fotos fertig sind:

1. Klebe Dein Foto auf
2. Schreibe eine Fantasiegeschichte dazu.

   Hier einige Ideen:
   Was wäre, wenn ich so
   - im Urwald spazierenginge ...
   - im Zoo am Affenkäfig vorbeiginge ...
   - zum Fußballspielen ginge ...
   - Oma und Opa besuchen würde ...
   - ...

Ein Bananenschiff zum Essen:

Das benötigt ihr:

- 1 Banane, die stehen kann
- 2 Gummibärchen
- 1 Riegel Schokolade
- 2 ganze Zahnstocher
- 1 halbierter Zahnstocher
- 2 Paar Dreiecke aus Papier (2 große und 2 kleine)
- 1 Stück fester Bindfaden oder 1 Gummiband
- Alleskleber

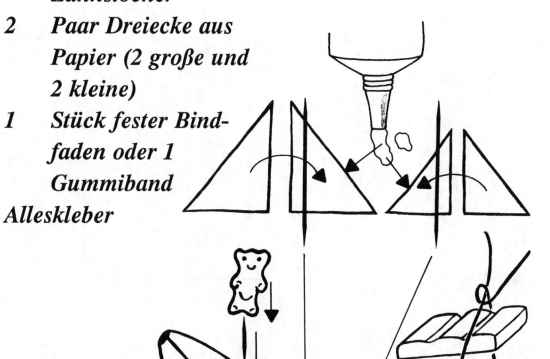

Warum, Warum Ist Die Banane KRUMM?

Ordne die nebenstehenden Begriffe den Bildern zu:

GONDONANE - PISTONANE - BÄHNANE - SURFNANE - KONDONANE - SCHUBNANE

BANANEN - DER ANBAU

WIE WÄCHST DIE BANANE ODER:

Darum ist die Banane krumm!

Vielleicht hast Du schon einmal in einem Botanischen Garten eine Bananenstaude bewundert, mit ihren großen, schönen grünen Blättern.

Es dauert etwa 9 bis 10 Monate, bis eine Staude ihre volle Höhe erreicht hat etwa 8 bis 9 Meter. Die eng aneinanderliegenden Blätter bilden einen Scheinstamm, der ungefähr 30 Zentimeter dick ist. Die Bananenpflanze ist also kein Baum, sondern eine Staude.

Nach 7 bis 9 Monaten wächst aus dem Innern der Staude eine einzige rot-violette Blütendolde hervor, aus der sich später das Büschel, aus dem die Bananen wachsen, entwickelt: An jedem Büschel bilden sich 10 bis 12 Bananenhände mit jeweils 14 bis 18 Bananenfingern. Die wachsen übrigens zuerst nach unten, zur Erde hin, und dann nach oben, der Sonne entgegen. Das ist also die Lösung des Rätsels, warum die Banane krumm ist.

An einem Büschel wachsen also ungefähr 200 Bananen, die ein solches Gewicht bekommen - 35 bis 50 Kilogramm - , daß man sie später abstützen muß.

Manchmal gibt es Bananenpflanzen auch in Blumenläden. Vielleicht besorgt Ihr eine für Eure Klasse. Sie braucht allerdings sehr viel Sonne und Wärme.

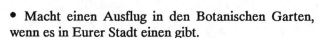

- Macht einen Ausflug in den Botanischen Garten, wenn es in Eurer Stadt einen gibt.

- In welcher Abteilung wachsen die Bananenstauden? Welche anderen Gewächse gibt es dort?

- Beschreibt Eure Eindrücke.

- Malt selbst eine Bananenstaude für Euer **"Bananenbuch"**!

Fragen Fragen Fragen Fragen Fragen Fragen

1. Woraus besteht der Scheinstamm einer Bananenpflanze?
   _____
   _____

2. Wie hoch wird eine Bananenstaude?
   _____
   _____

3. Wie lange braucht sie, um so groß zu werden?
   _____
   _____

4. Wie viele Bananen wachsen ungefähr an jedem Büschel?

   ☐   Stück

5. Was sind "Bananenhände"?
   _____
   _____

6. Was sind "Bananenfinger"?
   _____
   _____

7. Und endlich die letzte Frage: **WARUM IST DIE BANANE KRUMM?**
   _____
   _____

Die Bananenstaude

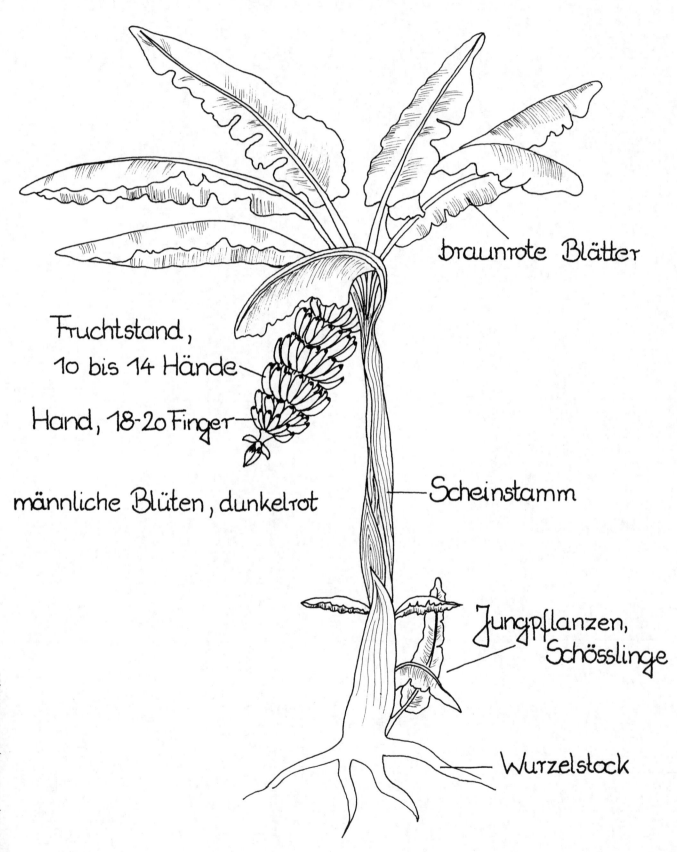

Die Bananenstaude

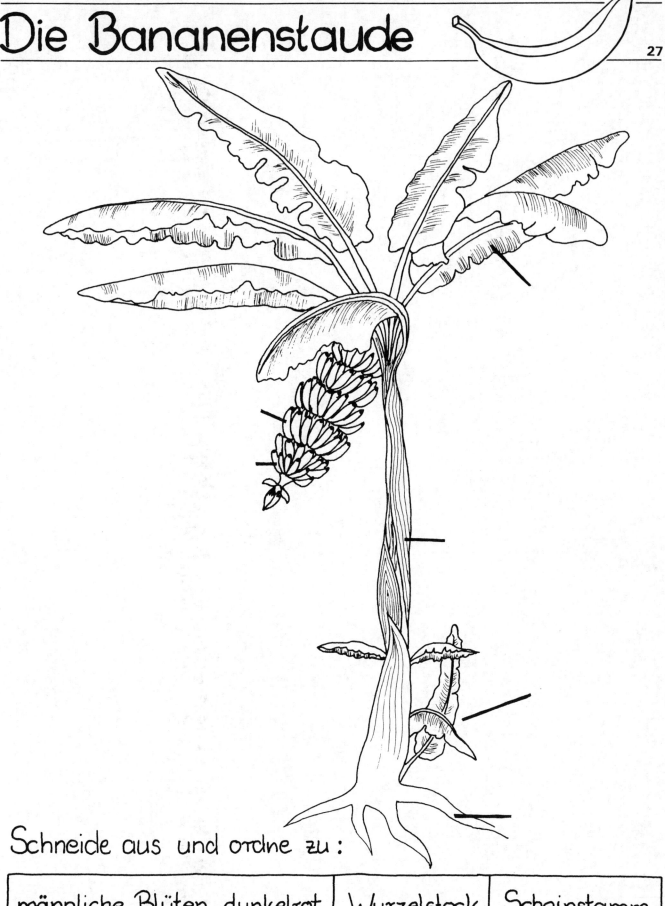

Schneide aus und ordne zu:

männliche Blüten, dunkelrot	Wurzelstock	Scheinstamm
Fruchtstand, 10 bis 14 Hände	Hand, 18-20 Finger	
braunrote Blätter	Jungpflanzen, Schösslinge	

Wanted - Die Banane

WANTED
gepellt oder ungepellt

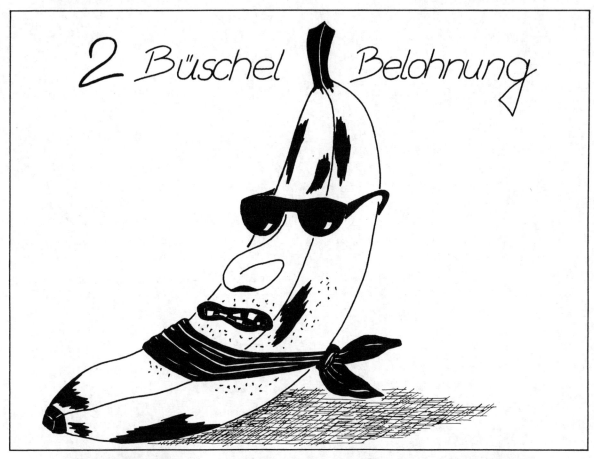

DIE BANANE

NÄHERE ANGABEN ZUR GESUCHTEN:

::: Sie gehört zur großen Familie der Gräser, Lilien und Palmen.

::: Es gibt ungefähr 400 bis 900 wildwachsende Bananenarten, und allein rund 100 eßbare Arten. Fast alle diese Sorten bleiben in den Ländern, in denen sie wachsen, und nur ungefähr fünf Sorten werden in andere Länder, unter anderem zu uns, verschickt.

::: Bei uns gibt es vor allem die Sorte "Cavendish", die zu den Süß- oder Obstbananen gehört. Sie ist lang und krumm, hat eine gelbe Farbe und einen süßen Geschmack.

ES GIBT ABER AUCH ANDERE SORTEN:

::: Kochbananen (z.B. in Südamerika), die man, wie der Name schon sagt, kochen, braten oder backen muß, damit sie genießbar sind. Sie dienen in Südamerika als Grundnahrungsmittel, wie bei uns Kartoffeln oder Getreide.

::: Textilbananen (z.B. auf den Philippinen), deren Früchte klein und bitter sind, und bei denen man die Fasern der Blätter zur Herstellung von Papier verwendet.

Wo kommen die Bananen her?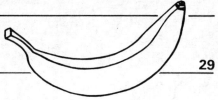

1. Schreibe **Deine** Vermutungen auf!
   _____
   _____

2. Frage Deine Eltern:
   _____
   _____

3. Frage den Gemüsehändler:
   _____
   _____

   (Du kannst auch ein Tonband-Interview machen)

- -

Hier kommen die Bananen her!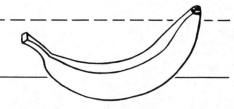

Bananen wachsen dort, wo es heiß und feucht genug ist, in tropischen Gebieten. Diese Gebiete bilden einen "Gürtel" rund um die Erde, den sogenannten **"Bananengürtel"**.

1. Nimm einen Globus und einen Gürtel (oder ein breites Band).
2. Schnalle dem Globus den Gürtel um. (Natürlich dort, wo er am dicksten ist!)
3. Wie heißen die Länder auf dem **"Bananengürtel"**? Schreibe sie auf!

Wo wächst die Banane?

Bananen wachsen dort, wo es heiß und feucht genug ist, in tropischen Gebieten. Diese Gebiete bilden einen Gürtel rund um die Erde, den sogenannten "Bananengürtel".

- Schau Dir einmal auf der Karte an, wo diese tropischen Gebiete liegen.

Die Bananenpflanzen brauchen eine Temperatur von ungefähr 25 Grad Celsius und bis zu 2500 Millimeter Niederschlag im Jahr, um sich wohlzufühlen (zum Vergleich: bei uns fällt jährlich ein Niederschlag von durchschnittlich 600 Millimetern). Die Obstbananen werden häufig in Flußtälern, auf gerodeten Urwaldflächen oder auf vulkanischem Boden angebaut.

Bananen werden in Plantagen (Monokulturen) angebaut, d.h. in großer Zahl auf einer kleinen Fläche. Dadurch werden dem Boden viele Nährstoffe entzogen. Dies erfordert einen häufigen Zusatz von chemischen Düngemitteln.
Auch können die Bananenstauden leicht von Schädlingen und Krankheiten befallen werden, was einen ständigen Einsatz von chemischen Schädlingsbekämpfungsmitteln (Insektiziden und Pestiziden) erforderlich macht.

Das heißt aber: Gift für die Pflanzen und Gift für die Menschen, die die Bananen anbauen und ernten.

- Was sind Dünger?

natürliche	künstliche
Gülle, Mist	Stickstoff

- Zur Bekämpfung von Schädlingen und Krankheiten der Bananenpflanzen werden ausschließlich chemische Gifte verwendet. Was sind mögliche Nachteile dieser Behandlung?

Male mit deinen Farben aus - es muß nicht immer Gelb sein!

Zeichnung nach einem Gemälde von Antonio Henrique Amaral

Male mit deinen Farben aus - es muß nicht immer Gelb sein!

Zeichnung nach einem Gemälde von Antonio Henrique Amaral

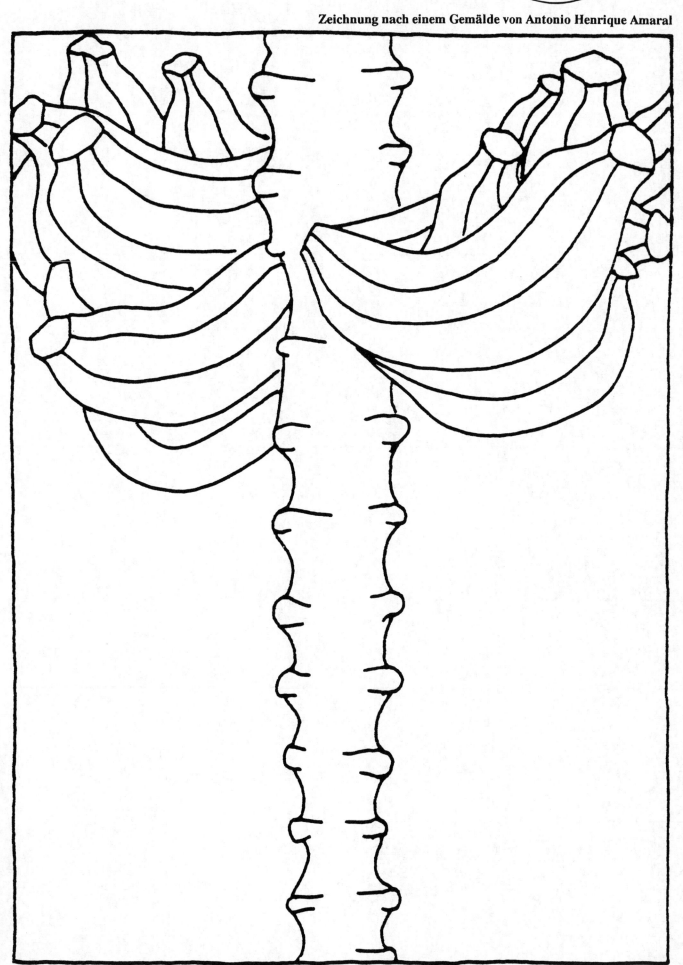

BANANEN - DIE ANBAULÄNDER

Die Anbauländer oder:

Dies sind zwei Bilder von Menschen aus den Ländern, in denen Bananen angebaut werden.

Das eine ist aus der Werbung für Bananen, das andere stammt von einer Bananenplantage.

- Beschreibt, was Ihr auf ihnen seht, und vergleicht Eure Eindrücke.

- Kennt Ihr andere Beispiele für Darstellungen von Menschen aus uns fremden Erdteilen?

- Sammelt selbst Werbematerial für Bananen.

Wen macht die Banane krumm?

Theaterstück "Banana"

Dies ist die Geschichte von Pancho, einem zwölfjährigen Jungen aus einem Dorf in Lateinamerika. Er verdient sein Geld mit dem Verkauf von Bananen. Eines Tages beschließt er, in die Stadt zu gehen, um dort mehr Geld für seine Bananen zu bekommen.

Auf seinem Weg in die Stadt kommt er zu einer Bananenplantage. Ramon und Pedro arbeiten dort als Träger. Als der Aufseher Pancho beschuldigt, Bananen gestohlen zu haben, setzt Ramon sich für Pancho ein und wird dafür entlassen. Gemeinsam ziehen beide weiter in die Stadt.

Wenn Ihr wissen wollt, wie es Ramon und Pancho in der Stadt ergeht - es gibt das Theaterstück "Banana" als Hörspiel auf Schallplatte.

Erschienen bei:
Wagenbach Verlag, Ahornstraße 4, 1000 Berlin 30

4. Bild

Bananenplantagen. In der Mitte ein aus Pappkartons primitiv zusammengeschnürtes Sonnendach. Man sieht Pedro und Ramon bei der Arbeit. Sie schleppen Bananenbüschel. Ramon tritt von links mit einem Riesen-Bananenbüschel auf, Pedro nimmt es ihm in der Mitte ab und trägt es nach rechts ab. Die Übergabe der Büschel ist vorsichtig, bemüht, die empfindlichen Früchte nicht zu drücken.

Hinweis:
Die Gewaltszene
in der Klasse
nicht ausspielen!

PEDRO: *(von rechts auf die Bühne, Ramon kommt mit Bananen. Wechseln sich ab.)*

PEDRO: *(tritt auf, Aufseher hinter ihm. Pedro erschrickt)* Ramon!

RAMON: *(tritt von links auf, schleppt ein Riesenbüschel Bananen)*

PEDRO: Du hältst wieder alles auf.

RAMON: Spiel hier nicht den Sklaventreiber.

PEDRO: Ich mach meine Arbeit, du Grünschnabel! Auf mich kann man sich verlassen!
(mit Bananen ab. Ramon ab)

AUFSEHER: *(von links)* Ramon!

RAMON: *(kommt mit Bananen, widerwillig nach links, er begegnet dem Aufseher, beide sehen sich an)* Ich kann doch nicht hexen.

AUFSEHER: Das wirst du aber lernen müssen, mein Kleiner, sonst fliegst du!

RAMON: *(verkneift sich jede Antwort, ab. Normaler Durchgang. Aufseher schlendert zur Mitte, Ramon tritt mit einem neuen Büschel von links auf, Pedro von rechts, Pedro hat Mühe mit dem Banenbüschel)*

AUFSEHER: Was ist denn mit dir los, Alterchen? Weiche Knie, was? Bananenbeine! Das ist ein schlechtes Zeichen. Du wirst alt, Pedro. *(Pedro mit Büschel ab)*

RAMON: *(will auf den Aufseher los, wird aber durch einen Peitschenhieb zurückgehalten)*

AUFSEHER: Was glotzt du mich an wie ein krepierender Esel? An die Arbeit, wenn du was zu fressen haben willst!
(Ramon ab, normaler Durchgang, Aufseher ab)
(Ramon von links mit Bananen, Pedro von rechts)

RAMON: Dieses Stinktier! Dem stopf ich noch mal seine Peitsche in den Rachen!

PEDRO: Mach keinen Ärger!

RAMON: Hälst du das hier für ein Paradies?

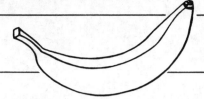

PEDRO:	Immerhin hab ich was zu fressen und ein Dach über dem Kopf. *(beide ab)* *(Pancho tritt auf, geht auf das Sonnendach zu. Pedro tritt auf, nimmt ihm die Bananen ab, geht ab.)*
PANCHO:	Eh... - ... meine Bananen! *(in diesem Moment tritt Ramon mit einem neuen Büschel auf. Pancho spricht ihn an, fragt nach seinen Bananen)*
RAMON:	Was heißt hier deine Bananen? Mach mal deine Augen zu Kleiner. Was du dann siehst, das gehört dir. *(Pedro kommt zurück)*
PANCHO:	*(fragt Pedro)* Wo sind meine Bananen?
PEDRO:	Welche Bananen?
RAMON:	Hier gehören alle Bananen der IPP! *(Pedro und Ramon gehen ab)*
PANCHO:	IPP? *(geht hinterher)* *(Ramon kommt zurück - Pancho geht zu ihm, will wieder fragen)*
RAMON:	Wo kommst du eigentlich her? *(Inzwischen ist Pedro auch wieder da)*
PANCHO:	Aus Puerto Pobre.
PEDRO:	Und was suchst du hier?
PANCHO:	Meine Bananen!
RAMON:	*(zeigt auf seine Bananen)* Ach, sind das deine Bananen?
PANCHO:	Nein. Meine waren kleiner und auch größer.
RAMON:	Was den nun - größer oder kleiner?
PEDRO:	Kleiner oder größer?
PANCHO:	Das Büschel war kleiner, aber die Bananen größer.
RAMON:	*(zu Pedro)* Hast du das denn nicht gemerkt?
PEDRO:	Ich bin zumSchleppenhier und nicht zum Sortieren? *(ab)* *(Auch Ramon will abgehen. Zeichen für die Mittagspause. Pancho redet weiter auf ihn ein)*
PANCHO:	Aber ich muß meine Bananen wiederhaben! Ich muß doch meine Bananen in der Stadt verkaufen. Wo hat er sie denn hingebracht, meine Bananen? *(Ramon ist leicht genervt, will ihm aber helfen)*
RAMON:	Kleiner - du nervst! Komm, wir holen deine Bananen! *(Beide ab)*
PEDRO:	*(kommt zurück und legt sich erschöpft in den Schatten)*
ANTONIA:	*(tritt auf, sie balanciert einen Korb auf dem Kopf)* Tortillas!!! Tortillas calantitas!!! Heiße Tortillas! Tortillas sabrosas! Köstliche Tortillas! Tortillas!!!
PEDRO:	*(winkt sie herbei)* Antonia!
ANTONIA:	Wie geht's dir, Pedro?
PEDRO:	*(nimmt sich eine Tortilla aus dem Korb auf ihrem Kopf)* Ach, Antonia. Womit habe ich es verdient, daß man mich behandelt wie einen räudigen Hund. Bin ich ein Mensch, Antonia, oder bin ich ein Hund?
ANTONIA:	*(schenkt aus einem Plastikkanister Wasser in eine Blechbüchse und reicht sie Pedro)* Vielleicht bist du ein Esel, Pedro.
PEDRO:	Wie meinst du das? *(gibt ihr Geld für die Tortilla)*
ANTONIA:	Wenn du ein Pferd wärst, Pedro, hättest du noch deinen Stolz. Du aber schufftest wie ein Esel, und so behandelt man dich auch. Wer sich zu sehr beugt, zerbricht, Pedro. *(nimmt ihren Ruf wieder auf und geht weiter)*
RAMON:	*(kommt mit Pancho und den Bananen zurück)* Hey Antonia! Zwei Tortilla, für mich und meinen Freund.
ANTONIA:	Hast du Geld?
RAMON:	Heute nicht, morgen.

THEATERSTÜCK

ANTONIA:	Von deinen Versprechungen kann ich nicht leben, ich brauche Geld.
RAMON:	Eines Tages werde ich dir das Geld haufenweise vor die Tür karren, ich werde dich behängen mit Schmuck ...
ANTONIA:	Gestern hast du nicht bezahlt, heute lügst du dir was vor, und morgen bist du vielleicht schon fort.
RAMON:	Aber Antonia! Ich doch nicht ...
ANTONIA:	Tortillas!! *(ruft und geht ab)*
RAMON:	Verfluchter Hunger!
PANCHO:	Dürft ihr hier keine Bananen essen?
RAMON:	Die grünen Dinger? Wenn du die frißt, dreht's dir die Eingeweide um. Aber deine ... das ist schon was anderes.
PANCHO:	Die muß ich aber verkaufen.
RAMON:	Wo?
PANCHO:	In Santa Basura.
RAMON:	Aber wenn du unterwegs verhungerst, nützen dir deine Bananen auch nichts.
PANCHO:	*(zögert, reißt eine Banane ab)* Na gut, weil du mir geholfen hast. *(gibt sie Ramon)*
RAMON:	*(beißt gierig in die Frucht)* Du bist ein echter Freund Kleiner. Wie heißt du eigentlich?
PANCHO:	Pancho.
RAMON:	*(streckt ihm die Hand hin)* Ramon. *(Er teilt die Banane mit Pancho)*
PANCHO:	In unserem Dorf gibt es auch eine Plantage. Aber die haben mich nicht genommen. Ich war denen zu jung.
RAMON:	Inter-Pulpo nimmt erst ab vierzehn.
PANCHO:	Wenn ich bloß schon vierzehn wäre.
RAMON:	Du hast vielleicht fromme Wünsche, Kleiner. Hier schuftest du dir die Seele aus dem Leib für ein paar lumpige Pesos und einen Schlafplatz, und eh du bis drei gezählt hast, bist du schon wieder zu alt. Stimmt's Pedro?
PEDRO:	Laß dir nichts erzählen, Kleiner. Wer seine Arbeit ordentlich macht, dem geht's auch nicht schlecht.
AUFSEHER:	*(tritt auf)* Das ist ja eine reizende Siesta! Und ich dachte, das Erntedankfest ist erst übermorgen. Schmecken euch unsere Bananen?
PANCHO:	Das sind meine Bananen, Senor, Bananen aus Puerto Pobre ...
AUFSEHER:	Ich bin entzückt, endlich den Besitzer der Plantage kennenzulernen. So jung und schon so reich! Zu Diensten, Herr Direktor.
RAMON:	Das sieht doch ein Blinder, daß das keine IPP-Bananen sind!
PANCHO:	Ich verstehe nicht, Senor ...
AUFSEHER:	Aber ich. Verschwinde, du dreckiger Dieb. Und du gleich mit, Ramon! Pack dein Bündel und verschwinde! *(Pancho will seine Bananen nehmen)* Die bleiben hier!
PEDRO:	*(nimmt allen Mut zusammen)* Aber Don Alfonso! Das sind wirklich seine Bananen, er hat sie mitgebracht ... Die sind doch auch reif und gelb, unsere sind doch noch ganz grün ...
AUFSEHER:	Auf der Interpulpo-Plantage gehören alle Bananen der IPP, ob grün, gelb oder rot. Und wenn dir das nicht paßt, Alter, kannst du gleich mit abhauen.
RAMON:	Weg Panchito!! *(er stürzt von hinten dem Aufseher zwischen die Beine und wirft ihn um. Pedro wirft ihm die Bananen zu, Pancho und Ramon ab. Pedro hebt die Peitsche auf und wirft sie dem Aufseher vor die Füße)*
AUFSEHER:	*(Hebt die Peitsche auf und knallt mit ihr)* An die Arbeit!

Kinder in Lateinamerika   ODER KINDER KÖNNEN NICHT KINDER SEIN

Im Theaterstück "Banana" erfahrt Ihr von Dingen, die Ihr vielleicht gar nicht so recht glauben wollt: von Kinderarbeit, Hunger, Folter an Kindern usw. ...
Damit Ihr nicht denkt, daß es sich hierbei nur um Einzelfälle handelt, möchten wir Euch einige erschreckende Zahlen nennen.

::: Die Hälfte der lateinamerikanischen Kinder können keine Schule besuchen.
::: 132 Millionen Lateinamerikaner waren noch nie bei einem Arzt.
::: 100 Millionen Lateinamerikaner sind unterernährt. 3,5 Millionen Kinder zwischen 6 und 15 Jahren ernähren ihre Familien in Lateinamerika.
::: Die Hälfte der lateinamerikanischen Bevölkerung lebt im Elend. 100.000 lateinamerikanische Männer, Frauen und auch Kinder sitzen in Gefängnissen oder werden umgebracht, weil sie sich gegen diese Ungerechtigkeiten gewehrt haben, die Familien wissen oftmals nicht, ob ihre Verwandten überhaupt noch leben oder schon an den Qualen der Folterung gestorben sind.
::: Allein im Jahr 1980 wurden 15.000 Menschen in Lateinamerika ins Gefängnis gesteckt.

Vielleicht werdet Ihr Euch fragen, wieso die Menschen dort so elend leben müssen. Schließlich gibt es doch viel Land, viele Bodenschätze. Ihr wißt auch, daß Bananen, Zuckerrohr, Kaffee und andere Früchte in diesen Ländern angebaut werden. Demnach müßte es der Bevölkerung doch eigentlich viel besser gehen.
Aber schon seit der Entdeckung durch Kolumbus ist die Geschichte des Kontinents durch Unterdrückung und Ausbeutung gekennzeichnet. An den landwirtschaftlichen Produkten, an den Bodenschätzen Lateinamerikas und an der Arbeit seiner Bevölkerung bereicherten sich zuerst die Spanier und Portugiesen, dann die Engländer und schließlich die Konzerne aus den USA und Europa, und Lateinamerika wurde immer ärmer.
Und wo so viele Arme leben, ohne Arbeit, ohne ausreichendes Essen, findet man genug Arbeiter, die für wenig Lohn arbeiten.
Wenn sich aber die Menschen in Lateinamerika zusammentun, um gegen diese Ungerechtigkeiten zu demonstrieren, für bessere Arbeitsbedingungen und Löhne kämpfen, dann greift das Militär ein und unterdrückt brutal. Die großen ausländischen Firmen unterstützen das Militär, damit alles beim Alten bleibt und die riesigen Unternehmen weiter riesige Gewinne machen.

Für das lateinamerikanische Volk bedeutet das aber, das alles so entsetzlich und menschenunwürdig bleibt, wie es die Zahlen, die wir eben genannt haben, ausdrücken.

WIR SIND KINDER EINER ERDE

1. Wir sind Kinder einer Erde, die genug für alle hat. Doch zu viele haben Hunger und zu wenige sind satt. Einer praßt, die andern zahlen, das war bisher immer gleich. Nur weil viele Länder arm sind, sind die reichen Länder reich.

Wir sind Kinder einer Erde,
doch es sind nicht alle frei,
denn in vielen Ländern herrschen
Militär und Polizei.
Viele sitzen im Gefängnis,
Angst regiert von spät bis früh.
Wir sind Kinder einer Erde,
aber tun wir was für sie?

Viele Kinder fremder Länder
sind in unsrer Stadt zuhaus.
Wir sind Kinder einer Erde,
doch was machen wir daraus?
Ihre Welt ist auch die unsre,
sie ist hier und nebenan.
Und wir werden sie verändern,
kommt wir fangen bei uns an!

Geschrieben von: Dritte Welt-Laden Essen   Lateinamerikakreis Essen

Wie leben Kinder in Lateinamerika

- Versuche, so viel wie möglich über die Lebensbedingungen der Menschen in Mittel- und Südamerika herauszufinden.

Informationsquellen sind:
- Dritte Welt-Läden
- Bibliotheken (Bildbände über Lateinamerika)
- Fernsehen/Radio

- Informiere Dich darüber, wie die Menschen dort wohnen, wie die Familien dort leben, welche Schulen es gibt, wo man einkauft ...

- Vergleiche die Lebenssituation der Menschen in diesen Ländern mit Eurer eigenen. Was für Unterschiede stellst Du fest?

	bei uns	in Lateinamerika
Schule/Ausbildung	Lehre / Studium	kaum Ausbildung
	10 bis 13 Jahre	5 bis 6 Jahre
Familie	1 bis 3 Kinder	5 bis 12 Kinder

Folgender Bericht beschreibt die Arbeit eines zwölfjährigen Jungen auf einer Zuckerrohrplantage in Brasilien. Er könnte auch von einer Bananenplantage in Mittelamerika stammen ...

Carlo, zwölf Jahre, Landarbeiter.
Riberao Preto, halb sechs Uhr morgens. Noch ist es dunkel und kalt. Aus den Häusern treten vermummte Gestalten. Frauen, Männer und Kinder, Hacken und Bündel auf dem Rücken, gehen zur Sammelstelle, zum Abholpunkt für die Lastwagen des Gato.* Die Kälte frißt sich unter die Kleidung. Im Osten färbt sich der Himmel violett. Die Arbeiter drehen sich Zigaretten aus wenig Tabak, den sie in das Deckblatt eines Maiskolbens einrollen. In Plastiktüten und Alugeschirr tragen sie das Essen für den Tag. Es wird kalt sein, wenn sie es auspacken. Boias frias, "kalte Teller", nennt man die Wanderarbeiter, die hier frierend in der Morgenkälte warten.

Der Gato fährt im Chevrolet-Geländewagen vor; vier Lastwagen folgen. Jeder Lastwagen faßt sechzig Arbeiter. Über Eisenleitern steigen sie auf die Wagen, die nacheinander abgefertigt werden. Vor ihnen steht der Fiscal und trägt in ein Heft die Namen der Arbeiter ein, die heute dem Faziendero** reiche Ernte einbringen werden.

Wenn sie der Lastwagen wieder zurückschafft, wird es sechs Uhr abends sein. Mit jedem Arbeiter, der einsteigt, hat der Gato schon sein Geld in der Tasche, denn er läßt sich vom Patron dafür bezahlen, daß er die Arbeiter verpflichtet und in die Plantage karrt. Und was der Gato den Arbeitern auszahlt, ist entschieden viel weniger, als er vom Patron bekommt!

Auf einen dieser Lastwagen klettert Carlo, zwölf Jahre alt, zusammen mit seinen Freunden, die neun, zehn oder elf Jahre alt sein mögen.

Das Zuckerrohr steht wie eine dichte Wand aus Bambusstäben vor Carlo, der, das schwere Erntemesser in der Rechten, Rohr für Rohr dicht über dem Boden abschlägt, um es mit der linken Hand hinter sich zu werfen. Schritt für Schritt kämpft er sich mit dem Erntemesser vorwärts in die ungefähr zwei Meter hohe Palisade aus Zuckerrohr.

Über Carlo spielt der Wind in den grünen Blattrispen des Zuckerrohrs, aber unten, da wo Carlo das Rohr abschlagen muß, ist alles schwarz und rußverkohlt. Man brennt die verdorrten Blätter des Zuckerrohrs einfach ab, um sich die Arbeit des Säuberns zu sparen.

---

* Menschenhändler   ** Besitzer der Plantage

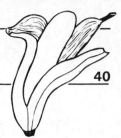

Hinter Carlo häuft sich das geschlagene Zuckerrohr wie eine lange Garbe aus übergroßen schwarzen Mikadostäben. Carlo schafft am Tag zweihundert Meter von fünf Reihen Zuckerrohr. Später wird ein großer, moderner Traktor kommen und innerhalb von zehn Minuten mit einem Greifer die Tagesarbeit von Carlo auf einen Lastwagen verladen, der die Rohrbündel zur Zuckerfabrik San Geraldo bringt.

Carlo arbeitet schnell. Er wird vom Gato im Akkord bezahlt wie die anderen auch. Carlo lebt im Akkord: Gegen das Zuckerrohr, gegen den Hunger, gegen den Schmerz in der Schulter, denn das Erntemesser ist verdammt schwer.

Wenn Carlo Glück hat und nicht krank wird, wenn es nicht regnet und es dem Gato gefällt, verdient er den Gegenwert von etwa zweihundert DM im Monat.

Am Samstag ist Zahltag im Riberao Preto. Die boias frias stehen Schlange vor dem kleinen Laden des Gato. Der sitzt mit seinem Fiscal hinter einem Tisch und ruft die Namen der Arbeiter auf, die er ausbezahlt. Bei der Tür stehen zwei Polizisten, die Maschinenpistolen lässig im Anschlag. Der Gato zahlt in Geld und Gutscheinen. Die Gutscheine können nur in seinem Laden eingelöst werden. Der Laden ist teuer. Das wissen alle. Umsonst fährt der Gato keinen amerikanischen Prachtschlitten. Und damit dieser Quell des Geldes dem Gato nicht verdorben wird, damit "Extremisten" hier gar nicht erst Fuß fassen, zahlt der Gato den beiden Polizisten ein kleines Trinkgeld dafür, daß sie hier ein wenig stehen und zusehen. Unter diesen Unständen mault keiner der Arbeiter. Nein, hier hat alles seine Ordnung.

Trotzdem gibt es Gewerkschaften der Wanderarbeiter, heimlich, im Untergrund. Carlo gehört dazu, und viele Gesichter von heute morgen erkenne ich wieder, als wir uns spät in der Nacht treffen, denn die Polizei hat bereits fünf Gewerkschafter erschossen und zwei Anwälte wegen "Volksverhetzung" verhaftet.

Carlo erklärt, wie das mit der Kinderarbeit bei den boias frias läuft:
"Hier arbeiten alle Kinder mit. Aber sie übernehmen unterschiedliche Arbeiten. Manchmal nimmt der Gato eine komplette Familie unter Vertrag. Die Kleinsten sind zwischen vier und fünf Jahre alt; die müssen vor allem bei der Baumwollernte mitarbeiten. Sie sind Baumwollpflücker und zupfen schon etwa sechzig Kilogramm Baumwolle pro Tag.

Wenn sie etwa neun Jahre alt sind, können sie schon in die Kaffeeplantagen zum Kaffeepflücken mitgehen. Klar, das hängt davon ab, ob diese Kinder groß genug sind und wie hoch die Kaffeesträucher sind. Die Kinder müssen ja die Zweige zum Pflücken der Kaffeebeeren zu sich runterziehen; also die Knirpse kommen da nicht dran.

Im Zuckerrohr geht es dann so ab zwölf Jahren los, denn das ist eine Frage der puren Kraft, weil das Erntemesser so schwer ist. Und wir müssen das Rohr ganz dicht über dem Boden abschlagen, immer gebückt weil unten im Rohr der meiste Zuckersaft ist.

Wenn wir arbeiten, können wir nicht zur Schule, und wenn wir nicht zur Schule können, bleiben wir immer, was wir sind: boias frias.

In Bataias ist ein Waisenhaus, das hat der Gato ganz unter Vertrag.

Viele bekommen Ausschläge und Hautkrankheiten wegen des Zeugs, das sie aus den Flugzeugen über die Plantagen sprühen; das ist gefährlich. Etwa dreißig Kilometer von hier, in den Reisfeldern, fallen sogar die Enten tot vom Himmel; so viel Gift sprühen die aus den Flugzeugen. Und die Frauen kriegen keine Kinder mehr. Das alles passiert hier!"

Ich frage die Wanderarbeiter, wie sie sich für die Kinder und Familien eine Hilfe aus Europa vorstellen. Ein alter Mann gibt Antwort:
"Also, man muß die Landarbeitergewerkschaft stärken; sonst nutzt keine Hilfe. Eine starke Gewerkschaft ist der beste Schutz und die größte Hilfe für unsere Kinder! Wenn die Arbeiter in diesem Land nicht gestärkt werden, bleibt der Fortschritt hier eine Katastrophe!"

Aus: Kleine Hände - Kleine Fäuste, Jungbrunnen-Verlag, München, 1980

Die Lebensbedingungen

ARBEITSBEDINGUNGEN, GESUNDHEIT, ERNÄHRUNG

Jede Arbeit auf den Plantagen ist außerordentlich mühsam, hart und recht eintönig. Die Arbeiter stehen ständig unter Zeitdruck. Auch wenn der Lohn noch so niedrig ist, sie sind auf ihn angewiesen. Gibt es keine reifen Bananen, verdienen sie nichts.
Anstrengende Arbeit, mangelndes Essen und das tropische Klima bewirken eine rasche körperliche Ermüdung. Viele Arbeiter sind lungenkrank, weil sie keine Kleider zum wechseln haben, wenn es oft tagelang regnet. Lungenentzündung sowie Bronchitis sind deshalb nicht seltene Todesursachen.
Aus: Sibylle Fuchs, Jolanda Purtschert: Die Kehrseite der Banane, Zofingen 1985.

Ursula Brunner berichtet von ihrer Reise nach Panama:

In San Felix gibt es eine vom Staat errichtete Medizin-Station. Die Menschen kommen von weither, um sich dort behandeln zu lassen. Sie können aber nicht dort schlafen, denn es ist keine Klinik. Eine kleine evangelische Gemeinde hat darum ein 'Campo' gebaut, barackenähnliche Behausungen mit Schlaf- und Kochstellen. Hier können die Indios, die oft stundenlang mit der ganzen Familie unterwegs sind, bleiben, solange die Behandlung dauert.
(Ursula Brunner, Frauenfeld)

WOHNEN

Die Menschen leben entweder direkt auf den Plantagen oder in abgelegenen Dörfern. Doch überall mangelt es an Wohnungen, und die Verhältnisse, in denen sie leben müssen, sind unmenschlich. Die Arbeiterfamilien auf den Plantagen wohnen in firmeneigenen, sehr engen Baracken aus schlechten Baumaterialien.
Aus: Sibylle Fuchs, Jolanda Purtschert: Die Kehrseite der Banane, Zofingen 1985.

FAMILIE

Die Familien in Mittelamerika sind sehr kinderreich; doch ist es absolut keine Seltenheit, wenn Eltern nicht einmal verheiratet sind.
Die Männer geraten vielfach in die Abhängigkeit des Alkohols. Opfer von Wutausbrüchen im Rausch sind die Frauen und Kinder. Sie werden oft von den Familienoberhäuptern verprügelt und anschließend verlassen. Den zurückgebliebenen Frauen bleibt nichts anderes übrig, als sich einen anderen Mann zu suchen, der für sie und ihre Kinder sorgt.
Häufig werden Kinder ohne Entgelt verschenkt, aus reiner Existenznot.
Aus: Sibylle Fuchs, Jolanda Purtschert: Die Kehrseite der Banane, Zofingen 1985.

::: SCHULE

Es gibt eine Art Volksschule für Kinder von 7 bis 13 Jahren. Der Staat schickt meistens die am schlechtesten ausgewiesenen Lehrer auf die Plantagen, um dort mit dürftigem Material ihre Schüler zu unterrichten.
Nur eine Minderheit kann es sich leisten, ihre Kinder nach dieser Ausbildung noch in weitere Schulen zu schicken, denn dazu müßten sie in die Stadt, und das kostet Geld...
Unter diesen Umständen ist es verständlich, daß die Bildung der sozial benachteiligten Bevölkerungsschicht nicht ausreicht, um ihre wenigen Rechte zu wahren, die ihnen die Mächtigen auf dem Papier noch gelassen haben.
Aus: Sibylle Fuchs, Jolanda Purtschert: Die Kehrseite der Banane, Zofingen 1985.

Folgender Bericht beschreibt die Situation in einem Dorf in Panama:

El Piro ist ein Dorf, das mitten im Land Panama liegt. Fünf Minuten entfernt von der großen Straße, der Panamericana, welche durch ganz Süd- und Zentralamerika hindurchführt. Die Häuser in El Piro liegen weit verstreut, sie sind aus Stein, aber es gibt kaum Möbel. Ein Tisch, ein paar Stühle, Hängematten, vielleicht einmal eine Matratze, das ist alles.
In El Piro gibt es eine Grundschule. Wenn die Kinder sechs Jahre die Schule besucht haben, ist für sie für gewöhnlich die Aubildung beendet. Die nächste Stadt ist ungefähr zwei Autofahrstunden von El Piro entfernt. Dort gibt es so etwas wie eine Sekundarschule, ein Colegio. Die Leute aus El Piro haben am Rand dieser Stadt ein kleines Haus aus Blocksteinen gebaut. Dort leben während der Woche immer einige Kinder aus El Piro, die die Sekundarschule besuchen. Aber das kostet Geld, und die meisten Eltern haben dieses Geld nicht. Die Kinder, die die Chance haben, das Colegio zu besuchen, möchten gerne Lehrer werden. Das ist beinahe die einzige Berufsmöglichkeit für sie. In Panama gibt es keine Berufslehren, darum haben die jungen Menschen keine Gelegenheit, etwas zu lernen und nachher einen Beruf auszuüben.
(Ursula Brunner, Frauenfeld)

::: IM SUPERMARKT

Ich schaue mich im kleinen Supermarkt, der ebenfalls der Gesellschaft gehört, ein wenig um. Es interessiert mich, was die Leute dort kaufen können und zu welchen Preisen.
Der größte Teil der Produkte stammt aus den USA: Fleisch, Früchte und Gemüse in Büchsen etc. Fische aus Südamerika. Von Schweizer Firmen wie Nestlé, Maggi, Knorr stammen: Milchpulver, Kaffee, Kindernahrungsmittel, Kondensmilch, Suppen, Tomatenpüree, Ketchup, Pulverkaffee und Instant-Kakao. Waschpulver - alles aus den USA.
Es gibt kein grünes, frisches Gemüse und keine frischen Früchte. Wenn es einmal solche gibt, dann sind es Äpfel und Trauben aus Kalifornien.
(Ursula Brunner, Frauenfeld)

(Frei nach Mario C. Vega)

Revolution
ist ein Schrank in einer kleinen
Schule voll von Bleistiften und
Papier.

Revolution
ist
ein gedeckter Tisch mit einem
Wasserkrug, mit Messer und Gabel.

Revolution
sind
Pflüge, die die Maisfelder
furchen
sind Spaten und Hacken, mit
denen man Gemüse anbaut.

Plantagen

- Bananen werden auf Plantagen angebaut. Wie stellst Du Dir eine solche Plantage vor?

- Welche andern Produkte werden auf Plantagen angebaut?

- Gibt es vergleichbare Anbauformen bei uns? (z.B. Weinanbau)

- Wie sieht bei uns die übliche Form der Landwirtschaft aus?

- Vergleiche Deine Notizen mit den folgenden Merkmalen einer Plantagenwirtschaft:

  - Plantagen sind riesige Ländereien, die entweder einem Großgrundbesitzer oder einem großen Konzern gehören.
  - Der Anbau geschieht in Form von Monokultur (d.h. auf einer Bodenfläche wird immer die gleiche Pflanzenart angebaut.)
  - Der Anbau ist ausschließlich auf die Ausfuhr ausgerichtet.
  - Die Infrastruktur ist ausschließlich auf den Bananenanbau ausgerichtet (d.h. Eisenbahnlinien, Straßen, Häfen, Nachrichtenwesen, Energieversorgung, Abwasserentsorgung, Wohnungen, Schulen, Krankenhäuser).
  - Es besteht ein hoher Bedarf an Arbeitskräften, vor allem an kaum ausgebildeten Landarbeitern. Bis zu 10.000 Menschen arbeiten und wohnen auf einer Plantage, darunter viele Kinder.

- Erstelle eine Tafel, in der Du beide Formen der Landbebauung gegenüberstellst.

Plantage	Landwirtschaft bei uns
Großgrundbesitzer / Konzern	Groß- / Kleinbauer
Monokultur	...

- Was sind die Vorteile von Plantagenwirtschaft? Was sind Nachteile?

Vorteile	Nachteil
hohe Erträge der Böden	Auslaugung des Bodens

Bananen und Pestizide

In den Bananen, die wir schließlich essen, sind die Giftrückstände gering und wahrscheinlich ungefährlich.

Die Arbeiter in den Plantagen hingegen sind den Chemikalien schutzlos ausgesetzt. Oft werden sie nicht einmal informiert, wie gefährlich diese sind und wie Vorsicht zu üben sei. Beim Arbeiten in den Plantagen werden die Pestizide vom Flugzeug über die Pflanzen versprüht. Überfliegt das Flugzeug ein Arbeiterdorf zwischen den Feldern, lohnt es sich nicht, den Sprüher abzustellen. Das Dorf mit den spielenden Kindern wird auch mit Pestiziden besprüht! Sprüharbeiter mit Kanistern auf dem Rücken arbeiten ohne Masken, Schutzmäntel, Handschuhe. In der Verpackstation waschen Frauen die Früchte in Wasser mit chemischen Zusätzen ohne Handschuhe. Und das oft 10-12 Stunden am Tag.

Quelle: Skrodzki/Brunner, "Bananen", Edition dia, 1988

Bananenkrankheiten und Schädlinge	Eingesetzte Pestizide	Mögliche Auswirkungen auf den Menschen
„Sigatoka": durch Pilze verursachte Blattkrankheit. Durch das langsame Absterben der Blätter können die Früchte nicht mehr reifen	Systemische Benzimidazole zum Beispiel Benomyl	Vorwiegend japanische Frauen reagieren mit Hautentzündungen.
Krankheiten der Bananenstengel und Wurzelbahnen	Fensulfothion	Übelkeit, Durchfall Akute Vergiftungen aufgrund von Unfällen mit Fensulfothion führten zu Lähmungen und Blindheit (höchste Gefahrenklasse laut Weltgesundheitsorganisation WHO)
Krankheiten der Bananenstengel und Wurzelbahnen	Aldrin/Dieldrin	Diese Pestizide reichern sich im Körperfett an.
verschiedene Wurmschädlinge im Boden und während der Lagerung	EDB (Ethylendibromid) wird heute oft anstelle von DBCP verwendet.	krebserzeugende Wirkung bei Versuchstieren

Insgesamt sind über 70 Bakterien-, Virus-, Pilz-, Wurm- und Insektenarten als Bananenschädlinge bekannt.
Quelle: Erklärung von Bern (Hg): Pestizide und Hunger. Zürich 1983

Bananen und Pestizide

§2

Pflanzenschutzmittel:
Stoffe, die dazu bestimmt sind,
a) Pflanzen vor Schadorganismen oder nichtparasitären Beeinträchtigungen zu schützen,
b) Pflanzenerzeugnisse vor Schadorganismen zu schützen,
c) Pflanzen oder Pflanzenerzeugnisse vor Tieren, Pflanzen oder Mikroorganismen zu schützen, die nicht Schadorganismen sind,
d) die Lebensvorgänge von Pflanzen zu beeinflussen, ohne ihrer Ernährung zu dienen (Wachstumsregler),
e) das Keimen von Pflanzenerzeugnissen zu hemmen,
f) den in den Buchstaben a bis e aufgeführten Stoffen zugesetzt zu werden, um ihre Eigenschaften oder Wirkungen zu verändern,
ausgenommen sind Wasser, Düngemittel im Sinne des Düngemittelgesetzes und Pflanzenstärkungsmittel; als Pflanzenschutzmittel gelten auch Stoffe, die dazu bestimmt sind, Pflanzen abzutöten oder Flächen von Pflanzenwuchs freizumachen oder freizuhalten, ohne daß diese Stoffe unter die Buchstaben a oder d fallen;

Quelle: Lehrer-Service, Nr. 31, Januar 1987

FOLGENDE BERICHTE HANDELN VON BANANENARBEITERN AUF DEN PHILIPPINEN:

Ein 32jähriger Bananenarbeiter, der seit eineinhalb Jahren auf der Plantage arbeitet, berichtet:

"Seit ich angefangen habe, Chemikalien zu versprühen, wird mir schlecht. Ich habe ständig Schwindelanfälle. Dann folgen Atembeschwerden und auch Rückenschmerzen. Ich wurde ins Krankenhaus eingeliefert. Die Röntgenaufnahmen zeigten, saß mein Herz und meine Lunge von den Chemikalien angegriffen sind. Auch weist mein rechtes Bein durch Chemikalien verursachte Verätzungen auf. Ich versprühe die Chemikalien ohne Schutzmaske. Die Betriebsleitung weist uns weder darauf hin, noch stellt sie welche zur Verfügung. Wenn wir jetzt Schutzmasken bekommen, werde ich sie tragen, um mich vor weiteren Gefahren zu schützen."

Ein Vater berichtet, daß sich bei seinem Sohn, der als Staudensprüher arbeitet, an den Fußsohlen offene Stellen ausbreiten. Zweimal bereits wurde er deshalb ärztlich behandelt. Seitdem sind Monate vergangen, aber die Wunden blieben. In letzter Zeit muß er ständig husten und er ist in Behandlung wegen einer Entzündung der Atemwege. Der Vater berichtet weiter: "Er möchte seine Arbeit aufgeben, aber ich bin unnachgiebig. Die Familie ist auf sein, wenn auch bescheidenes, Einkommen angewiesen. Ich sagte zu ihm: 'Wenn du freiwillig gehst, wirst du keine Abfindung erhalten. Wie sollen wir das Geld für unseren Lebensunterhalt, nicht zu reden von den Behandlungskosten, auftreiben'?"

Quelle: Brot für die Welt (Hg.), aktion "e", Heft Nr. 4, Stuttgart 1985

Die Ernte

Bananen werden geerntet, wenn sie noch grün sind. Ließe man sie an der Staude, würden sie aufplatzen und verderben. Nur so wandelt sich die Stärke in den Bananen in Zucker um.

Weißt Du noch: Die braune Banane war viel süßer als die grüne und auch als die gelbe Banane!

Geerntet wird das ganze Jahr über. Die einzelnen Büschel sind je nach Reifegrad mit verschiedenfarbigen Bändern gekennzeichnet, und jeden Tag werden die mit derselben Farbe geschnitten, vier- bis sechsmal in der Woche.

Deshalb kannst Du das ganze Jahr über Bananen kaufen.

1. Male die Stauden und die Bänder farbig aus!

2. Iß 1 Banane! Du brauchst Kraft für das nächste "Bananenblatt"

Wer ist alles an der Ernte beteiligt?

Bei der Ernte haut ein Arbeiter, der "**Schnitter**", die Bananenstaude mit einem langen, schweren Buschmesser, der **Machete**, um. Ein anderer Arbeiter stellt sich unter das Büschel, das bis zu 50 kg schwer sein kann, und trennt es von der Staude ab.

1. Was ist ungefähr 50 kg schwer? Wiege!
   Schreibe 3 Dinge auf, die 50 kg schwer sind.

   _____ _____ _____

Das Büschel wird dann oft kilometerweit bis zu einer Drahtseilbahn getragen, die von der Plantage zur Packstation führt. Die Träger sind oft Jungen von 12-14 Jahren. Ein Arbeiter hängt die Büschel mit einem Haken ans Seil. So werden sie beim Transport vor Stoß und Druck geschützt. Oder die Büschel werden auf gut gepolsterte Lastwagen verladen und so zur Packstation gefahren.

2. Nehmt einen der Gegenstände, die ungefähr 50 kg schwer sind, tragt ihn bis zum Ende des Schulhofes und wieder zurück. Nicht absetzen! Wie viele Kinder helfen tragen?

   ☐ **Kinder.**

   Wie viele Schritte sind es von der Klasse bis zum Ende des Schulhofes und zurück?

   ☐ **Schritte.**

   Wie viele Meter sind das ungefähr?

   ☐ **Meter.**

3. Die Kinder auf den Bananenplantagen machen diese Arbeit jeden Tag viele Stunden lang. Es ist sehr heiß dort. Was glaubst Du, warum sie das tun?

   Weil es ihnen Spaß macht. ☐

   Weil sie Geld verdienen müssen. ☐

   Weil sie groß und stark werden wollen. ☐

   Weil _____

Banana - Boat Song

Übersetzung: Wilfried Stascheit

2. Paß bloß drauf auf was der Büttel notiert.
Oh der Tag ist vorbei, ich will jetzt nach Haus
Abend oh Abend! Der Tag ist vorbei,
ich will jetzt nach Haus. (2x)
Komm endlich Schreiberling, zähl meine Bananen.
Oh der Tag ist vorbei, ich will nach Haus. (2x)

3. Mein Kreuz bricht ab, ich bin erschlagen.
Oh der Tag ist vorbei, ich will jetzt nach Haus
Abend oh Abend! Der Tag ist vorbei,
ich will jetzt nach Haus. (2x)
Komm endlich Schreiberling, zähl meine Bananen.
Oh der Tag ist vorbei, ich will nach Haus. (2x)

Die Packstation

Was geschieht mit den Bananenbüscheln, nachdem sie von den Plantagen in die Packstation gebracht worden sind?

Schau Dir den Comic an und beschreibe die einzelnen Arbeitsgänge:

Quelle: Die Kehrseite der Banane. Informationsstelle z.B. Bananen, Frauenfeld.

Hinweis: Den Text gegebenenfalls aus den Bildern entfernen, falls die Textkarten zugeordnet werden sollen.

Die Packstation

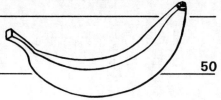

50

1. Lese!
2. Schneide aus!
3. Ordne und vergleiche mit dem Comic!
4. Klebe den Text in der richtigen Reihenfolge auf ein Blatt.
5. Lies ihn einem Partner vor. Alles richtig?

(Wie wäre es jetzt mit einer Portion Bananenquark?)

Arbeiterinnen sortieren die Bananen und bringen die Aufkleber (Markenzeichen) an.	Die "Hände" werden von den Büscheln abgetrennt.
Am Hafen verladen Arbeiter dann die Kartons in Kühlschiffe. Hier herrscht eine gleichmäßige Temperatur von 13, 7 Grad, so daß die Bananen nur wenig reifen und noch grün bei uns ankommen.	Die Bananen werden vom LKW abgeladen.
Die Bananen werden von Wäscherinnen in mehreren großen Wasserbecken gründlich gewaschen und untersucht.	Packerinnen füllen sie in mit Plastik ausgeschlagenen Kartons zu 18 bis 20 kg ab.
Verlader laden die Kartons in Lastwagen oder auf Güterwaggons, die sie zum Hafen transportieren.	Alle schlechten Früchte werden aussortiert.

Der Lohn für's Packen

> Hast Du schon einmal bei einer Obsternte mitgeholfen? Vergleiche Deine Erfahrungen mit den beiden folgenden Schilderungen über die Arbeit in der Packstation:

Ursula Brunner schreibt in ihrem Reisebericht vom November 1978 aus Changuinola, Panama:

"Die Plantagen hier in dieser Gegend gehören der United Brands Co.: Hier werden Chiquita-Bananen angepflanzt, verpackt und wegtransportiert.

Es leben hier ungefähr 5.000 Arbeiter und Arbeiterinnen.
Heute müssen 3.000 Schachteln Bananen abgepackt werden. Das ist überdurchschnittlich viel. Ich sprach mit zwei Frauen am Wasserbassin und schaute ihnen während einer langen Zeit zu.
An diesem Tag wurde keine 2. Qualität abgefüllt. Das bedeutet, daß die ganze Menge der weggeworfenen Bananen in die Pürreefabrik geht. Es werden viele ausgeschieden. Ich habe immer wieder nachgezählt. Ich habe folgenden Durchschnitt erhalten:
Von 50 Bananen sind zwei gut, der Rest wird ausgeschieden.

Eine Frau sagte mir, daß es Tage gibt, an denen der Ausschuß noch höher ist. Die Arbeiter werden jedoch nur für die verpackten Bananen bezahlt. Für die weggeworfenen, die sie vorher auch in den Händen hielten und gereinigt haben, werden sie nicht bezahlt."

Aus: Die Kehrseite der Banane. Informationsstelle z.B. Bananen, Frauenfeld.

Josef Reding schreibt 1973 über eine Packstelle in Honduras:

"Ich kaufe für meine Kinder Bananen. Sechs Bananen kosten eine Mark sechsundzwanzig. Ein Niedrigpreis im Supermarkt nebenan.
Von diesen 126 Pfennigen bekommt der Plantagenbesitzer Alfredo Ferretis 28 Pfennig, die United Fruit Company 47,5 Pfennig, die Frachtgesellschaft 32,2 Pfennig, die deutsche Bundesbahn 4,2 Pfennig und der Einzelhändler 14,09 Pfennig. Es bleiben 0,01 Pfennig für alle Arbeiter, die am Rio Patuca in Honduras zehn Stunden Arbeit am Tag in die Bananen-Plantagen Alfredo Ferretis stecken: Miguel, Jaime, Julio, Atahualpa und Juanita. Wohlgemerkt: nicht jede von diesen fünf Personen bekommt 0,01 Pfennig von den Bananen, sondern sie müssen sich in diese 0,01 Pfennig teilen.

Darum verdient Miguel, Vater von sechs Kindern, pro Arbeitsstunde 16 Pfennig. Jaime, 13jährig, verdient 11 Pfennig pro Stunde. Julio 13,5 Pfennig. Atahualpa 10,5 Pfennig und Juanita 9 Pfennig.

Ich habe in Honduras auf der Bananenplantage des Alfredo Ferretis für drei Stunden Juanitas Arbeit übernommen. Juanita muß die abgeduschten Bananenstauden von einem Haken heben und die Stauden in Transportkisten legen. Eine einfache Arbeit. Eine einfache Arbeit? Nach drei Stunden brachte ich mit meinen Armen die Staude nicht mehr vom Haken. Ich brachte nicht einmal mehr meine Arme hoch. Die Hände waren geschwollen. Die Fingerkuppen wund. Mein Verdienst für diese drei Stunden Sklavenarbeit waren Juanitas Verdienst: 9 Pfennig pro Stunde."

Aus: Bamberg/Bosch (Hg.): Politisches Lesebuch, Frankfurt/Main 1977.

Rollenspiel:

Die Arbeit auf der Bananenplantage

Macht ein

R O L L E N
S P I E L

Zwei von euch spielen die Aufseher bei der Ernte auf einer Bananenplantage. Zwei spielen die Bananenpflücker, und zwei die Träger. Die anderen sind Zuschauer.

Für die Bananenstauden könnt ihr Medizinbälle nehmen, die Ihr in zwei Ecken des Raumes stapelt. An jedem Stapel stehen ein Pflücker und ein Träger. Die Aufseher stehen etwas daneben.

Das Spiel geht so:

An jedem Stapel gibt der Pflücker dem Träger einen Medizinball, der zum Stapel in der anderen Eckes des Raumes geschleppt werden muß. Dann rennt der Träger zurück und holt einen neuen Ball. Und immer so weiter.

Die Aufseher geben Anweisungen, z.B. "Schneller!" und treiben die Pflücker und Träger zur Arbeit an. Vielleicht beschweren sich die Arbeiter und wollen nicht mehr arbeiten. Was macht dann der Aufseher?

- Spielt das Spiel ungefähr zehn Minuten. Danach erzählt jeder Spieler, wie er sich in seiner Rolle erlebt hat.

- Spielt das Spiel noch einmal und tauscht dabei die Rollen aus, so daß zwei der Arbeiter jetzt Aufseher sind. Redet danach wieder über Eure Erfahrungen.

- Schreibt eine Geschichte, in der Ihr beschreibt, wie Ihr Euch ohnmächtig gefühlt habt oder mächtig.

"Bananenrepubliken"

Karikatur von Peter Brookes

Unsere Bananen kommen aus den Ländern Mittelamerikas, aus Guatemala, Honduras, El Salvador, Costa Rica, Panama und aus Nicaragua. Diese Länder werden bei uns oft als "Bananenrepubliken" bezeichnet.

- Was sind "Bananenrepubliken"? Was wißt ihr über sie?

"Bananenrepublik"- ein abschätziger Name, der Verachtung und Spott ausdrückt, der mehr meint als den hohen Stellenwert des Exportguts Bananen, der steht für Korruption, Militärdiktatur und Staatsstreiche, für Ausbeutung, extreme Armut und Kindersterblichkeit.

Beispiel: Honduras

Seit ungefähr 100 Jahren werden in Honduras Bananen zum Export angepflanzt. 1903 machten die Bananen 42 Prozent aller Exporte des Landes aus. Sie wurden und werden noch angepflanzt und vermarktet durch nordamerikanische Konzerne, die sich im Laufe der Jahre unter den Namen "Standard Fruit Co." (jetzt "United Brands Co.") formierten und bis zum heutigen Tag den gesamten Bananenmarkt und -handel kontrollieren.

Über Jahrzehnte hinweg, in Zusammenarbeit mit korrupten Regierungen, war es diesen transnationalen Konzernen möglich, sich fruchtbares Land auf verbrecherische Art und Weise anzueignen. Im Jahr 1875 besaßen sie zusammen 11.452 Hektar Land. Sie bauten Eisenbahnlinien, Flugplätze, Hafenanlagen, alles zu eigenen Gunsten.

Sie schafften Monokulturen und damit ein Plantagenproletariat und Abhängigkeiten, deren tragische Folgen sich auf die ganze Infrastruktur, die Wirtschaft und die Politik des Landes in unausweichlicher Weise ausgewirkt haben.

Im Jahre 1920 schrieb der Vizepräsident der United Fruit Co:

"Damit unsere großen Opfer und hohen Investitionen nicht vergebens sind, müssen wir soviel Land vom Staat und von Privateigentümern erwerben und uns soviel Reichtum aneignen, wie es unsere Kapazität und unser Aufnahmevermögen immer erlauben. Wir müssen Kontrakte bekommen, Privilegien, Freiheiten, Abschaffung von Zöllen. Wir müssen uns befreien von allen öffentlichen Pflichten, Steuerabgaben und Aufgaben, die uns und unseren Partnern schaden." Die Methoden und Zielsetzungen sind seither nicht anders, höchstens subtiler geworden.

Zitiert nach: Schweizer Bananenaktion

- Bildet Gruppen, in denen Ihr Euch über die verschiedenen Anbauländer der Bananen informiert.

- Was wißt Ihr über sie?

- Was erfahrt Ihr darüber im Fernsehen oder im Radio? Gibt es Beiträge für Kinder, die sich mit diesen Ländern befassen? Sammelt Eure Eindrücke von einer Woche Fernsehen oder Radio.

- Besucht (zusammen mit Eurer Lehrerin oder Eurem Lehrer) einen Dritte Welt-Laden oder Dritte Welt-Büro, und laßt Euch über diese Länder und die Situation der Menschen dort erzählen.
Sammelt vorher Fragen zu den Sachen, die Euch interessieren.

- Was habt Ihr erfahren? Vergleicht Eure Erfahrungen.

HONDURAS 1982 - EIN PAAR ZAHLEN

::: Honduras hat circa 3 Millionen Einwohner.
::: Die Hälfte von ihnen verfügt über 13 Prozent des nationalen Einkommens.
::: 80 Prozent lebt unter dem Existenzminimum.
::: Dreiviertel der Familien, die auf dem Land wohnen, haben keinen Landbesitz oder einen, der weniger als sechs Hektar ausmacht.
::: Dreiviertel der Bevölkerung ist unter 30 Jahre alt, die Hälfte unter 14 Jahre.
::: Die durchschnittliche Lebenserwartung beträgt 58 Jahre.
::: Nur 60 Prozent der Schulpflichtigen besuchen die Volksschule.
::: Es gibt viele, die weder lesen noch schreiben können.
::: Die Arbeitslosigkeit ist sehr hoch.

BANANEN - DER WELTMARKT

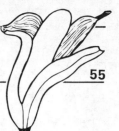

Die Konzerne

- Stelle Dir einen deutschen Obst- und Weinbauern vor!
Wie bearbeitet er sein Land, wie baut er seine Früchte an, wie erntet er?

- Wie verkauft er seine Früchte?

So wie bei unseren Obst- und Weinbauern sah es noch bis vor etwa 100 Jahren bei den Bauern Mittel- und Südamerikas aus.

Schon bevor die großen amerikanischen Unternehmen ins Land kamen, gab es dort Bananenanbau, der vor allem von einheimischen Kleinbauern betrieben wurde. Sie trieben einen freien Handel und verkauften ihre Ware auf den Märkten und in geringem Maße auch an ausländische Händler. Der Erlös ging ins eigene Land.

Ende des vorigen Jahrhunderts kamen die ersten nordamerikanischen Geschäftsleute nach Mittel- und Südamerika, um mit Bananen das große Geld zu machen.

Sie kauften nach und nach immer mehr fruchtbares Land auf, oft durch Betrug, gefälschte Verträge, Bestechungen und Landenteignungen. Mit Unterstützung der jeweiligen Regierungen bauten sie eine Bananenproduktion auf, warben Arbeiter aus ärmeren Gebieten an, schufen Transportmittel, legten Häfen an und wurden so immer mächtiger.

So vertrieben sie schließlich die kleineren Bauern in höhere, unfruchtbarere Gegenden, machten aus ihnen Arbeiter für ihre Plantagen, und diktierten die Arbeitsbedingungen.

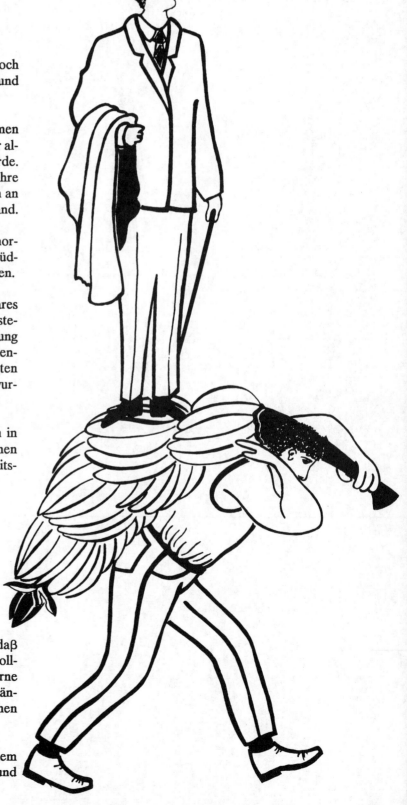

Heute ist diese Entwicklung so weit fortgeschritten, daß viele der bananenexportierenden Länder in eine vollkommene Abhängigkeit der ausländischen Konzerne geraten sind. Der Erlös kommt aber nicht diesen Ländern zugute, sondern fließt in die nordamerikanischen Mutterunternehmen.

So verkümmert die einheimische Wirtschaft zu einem Anhängsel der Bananenproduktion der Konzerne, und die Länder werden immer ärmer.

Die Konzerne

DIE DREI GROSSEN IM BANANENGESCHÄFT

DEL MONTE ist der Welt größter Erzeuger von Obst- und Gemüsekonserven mit einem Jahresumsatz von 1,5 Millionen US-Dollar. Del Monte produziert in über 15 Ländern, darunter die Philippinen, Kenia, Namibia, Guatemala, Costa Rica, Mexiko, Ecuador, Puerto Rico und Südafrika. Del Monte kontrolliert mindestens 85 Tochtergesellschaften und vermarktet Produkte in über 60 Ländern. 1979 wurde Del Monte selbst von J.R. Reynolds aufgekauft. Zum Reynolds-Imperium gehören u.a. die Zigarettenmarken Camel und Winston.

STANDARD FRUIT gehört zum US-Multi Castle and Cooke Inc., ein Konzern, der über 80 Prozent seines Umsatzes mit der Produktion und Vermarktung von Nahrungsmitteln erzielt. Castle and Cooke ist der größte Erzeuger und Vermarkter von Ananas in den USA, Japan und Westeuropa, in den USA darüber hinaus Hauptlieferant von Lachskonserven, Krabben, Champignons und Gemüse.

Die **UNITED FRUIT COMPANY** fing 1899 an, mit Bananenplantagen in Costa Rica und Jamaica. Die Firma breitete sich schnell aus und diversifizierte zum Beispiel auf Zuckerrohr und Rinderzucht. United Fruit besaß Autorestaurants und Eiscremeläden, war Gemüseproduzent, stieg ins Verpackungsgeschäft ein und beteiligte sich an Grundstücksspekulationen, bis die Firma mit der AMK-Corporation verschmolz und unter dem neuen Namen **UNITED BRANDS** zu einem gigantischen Lebensmittelimperium wurde.

Seit dem 20. März 1990 benennt sich die UNITED BRANDS nach ihrem Lieblingskind, CHIQUITA BRANDS.

Nach: AG3WL(Hg.): Wegweiser durch den Supermarkt, un- depd-Dritte Welt Information: Die saure Geschichte der süßen Banane, 1980

- Welche Bananenmarken kennst Du? Sammle Aufkleber beim Händler. Welche Firmen stehen dahinter?

Drei Konzerne spielen eine zentrale Rolle in den Bananenanbauländern Mittel- und Südamerikas, sie produzieren folgende Marken:

(United Brands Co. : Chiquita (40% des Welthandels)
Standard Fruit Co.   : Dole
Del Monte   : Del Monte

- Gibt es bei uns Konzerne? Wie sind sie aufgebaut?

- Welche Rolle nehmen die Konzerne in den Anbauländern ein? Versuche, Informationen darüber zu sammeln.

WAS IST EIN KONZERN?

::: Er betreibt seine Geschäfte nicht nur in einem Land, sondern in verschiedenen Ländern.

::: Er handelt nicht nur mit Bananen, sondern auch mit anderen Früchten und Produkten.

::: Er besitzt die Planagen, die Transportmittel, den Zwischenhandel.

::: Er bestimmt den Preis, Menge, Anbau, Handel, Aufkauf.

::: Er nimmt politischen Einfluß auf die Regierungen der Anbauländer.

Widerstand gegen die Konzerne

DER KAMPF UM MEHR RECHTE

Die schlechte Situation der ArbeiterInnen auf den Bananenplantagen führt dazu, daß sich unter ihnen Widerstand entwickelt. Sie versuchen immer wieder, sich zu verbotenen Gewerkschaften zusammenzuschließen, um für ihre Rechte zu streiten und diese mit Streiks durchzusetzen.

Die Streiks wurden von den Konzernen meist mit Hilfe der nationalen Polizei oder des Militärs niedergeschlagen und führten letztendlich zu Massenentlassungen oder noch härteren Arbeitsbedingungen.

- Was sind Gewerkschaften? Erkundige Dich bei Deinen Eltern, Deinen Lehrern...

- Angenommen, die Angestellten der öffentlichen Verkehrsmittel streiken. Wofür streiken sie dann? Gegen wen richtet sich der Streik?

- Sind Gewerkschaften und Streiks bei uns erlaubt?

Die Gewerkschaften

aus: taz, 6.7.'90

MIT DER KOLONIALWARE AUF DU UND DU

Streik bei Chiquita

Honduras: LandarbeiterInnen gegen Hungerlöhne

Tegucigalpa (ap) — In Honduras streiken die 10.000 Arbeiter auf den Bananenplantagen des Landes für höhere Löhne. Eine schnelle Lösung des seit Anfang vergangener Woche andauernden Arbeitskampfes sei nicht in Sicht, erklärte am Mittwoch die Chiquita Banana Company. Die US-Gesellschaft besitzt den größten Teil der Bananenplantagen des mittelamerikanischen Landes. Die streikenden Arbeiter fordern eine 50prozentige Erhöhung ihres Tagelohns, der umgerechnet bei rund 25 Mark liegt. Einer Serie von Sympathiestreiks schlossen sich am Mittwoch auch die Postarbeiter an.

Mehr solche Ideen zum "Texte-erfinden" finden Sie in: "Kreativer Schreiben", Verlag an der Ruhr

ENTWERFE Ein Warenzeichen für eine neue Bananarama Gesellschaft

GESTALTE Ein Bananensignet für eine neue Reihe von Pappbechern, Papptellern und Servietten.

DENKE Dir einen auffälligen Schriftzug für einen Sticker aus, der die Leute ermutigt mehr Bananen zu essen.

TEXTE Einen Werbeslogan für den gleichen Zweck.

NENNE 5 Gründe, warum Bananen mit Reissverschlüssen schnell der absolute Hit wären.

KREIERE Ein aussergewöhnlich köstliches Dessert. Zeichne und beschreibe es.

- Mache eine Liste der Arbeiten, die dieses neue Unternehmen erfordert.
- Wähle eine Tätigkeit aus deiner Liste, die dir am meisten gefallen würde.
- Schreibe eine Kurzbewerbung, in der du begründest, warum du die geeignetste Person für diesen Job bist.
- Entwerfe ein Anforderungsprofil für einen dieser Jobs in Form eines Fragebogens. Dieser soll den zukünftigen Angestellten zum Ausfüllen gegeben werden. Lege fest, welche besonderen Anforderungen an die Angestellten gestellt werden.
- Ein Manager des Unternehmens hat einen Angestellten zu einer Unterredung vorgeladen. Der Chef ist wütend, weil er meint, dass sein Arbeiter faul ist und gibt ihm zu verstehen, dass er sich schnell bessern muss wenn er den Job behalten will. Schreibe ein detailliertes Protokoll dieses (Streit-)Gespräches.

DAS EXPERIMENT VON ISLETAS -
Der Versuch einer Bananen - Produktionsgenossenschaft

1974 zerstörte ein Wirbelsturm riesige Flächen von Bananenplantagen in Honduras. Tausende von Arbeitern wurden von ihrem Konzern entlassen. Daraufhin beschlossen 1.400 Bauern von einer Plantage in Las Isletas, selbst den Bananenanbau zu übernehmen. Sie gründeten eine Genossenschaft. Der Staat half ihnen dabei mit Geld.
Sie hatten ihre eigene Verwaltung, und der Gewinn aus dem Verkauf ging direkt an sie. Allerdings konnten sie die Bananen nur an ihren früheren Konzern verkaufen und blieben so von ihm abhängig.
Als das Land wieder Erträge lieferte, ließ der Konzern die Plantage von der Armee besetzen und übernahm wieder die Verwaltung.
Damit wurde den Arbeitern eine Hoffnung, ihre Ausbeutung zu beenden, genommen.

UPEB

Einige Länder Mittel- und Südamerikas, die Bananen anbauen, schlossen sich zusammen zu einer Vereinigung, der **UPEB**, um den Handel mit Bananen gerechter zu machen: Die Gewinne sollten den Ländern selbst zugute kommen und nicht mehr von den großen Konzernen geschluckt werden.

Sie beschlossen zunächst, von den Konzernen eine Steuer von einem Dollar für jeden Karton Bananen zu verlangen. Die Konzerne weigerten sich, diese Steuer zu bezahlen und begannen einen Bananenkrieg.
Sie ließen Bananenplantagen verkommen und Pflanzen zerstören, ließen ganze Schiffsladungen von Bananen in den Häfen verrotten, beschränkten die Menge der ausgeführten Bananen und zahlten keine Löhne mehr an die Arbeiter. Außerdem bestachen sie Regierungsmitglieder und versuchten, die Regierungen in diesen Ländern zu stürzen.

Am Ende mußten die Länder einlenken und ihre Steuern verringern. Ganz zurückgenommen haben sie sie aber nicht - zumindest ein kleiner Erfolg!

Nach diesem "Krieg" mit den Konzernen gründeten die Länder eine eigene Handelsfirma, die **COMUNBANA**. Eine Zeitlang übernahm sie den Transport und den Verkauf der Bananen in einige Länder Europas, aber wegen finanzieller Probleme und Absatzschwierigkeiten mußte sie 1982 ihre Tätigkeit wieder einstellen.

Bananen: Exportmengen (in 1 000 Kartons zu je 18,14 Kilogramm)

Jahr	1975	1976	1977	1978	1979	1980	1981	1982	1983	1984
Länder der UPEB	140 589	159 279	165 238	179 666	185 982	190 415	195 669	192 098	186 921	198 521
Costa Rica	54 414	53 654	52 794	52 655	53 215	48 925	51 343	50 663	52 199	51 683
Guatemala	11 235	13 924	13 465	13 731	11 827	19 346	19 697	21 002	14 704	14 770
Honduras	19 989	33 069	38 968	39 525	49 288	47 772	42 810	45 338	35 212	40 992
Kolumbien	21 000	23 677	24 059	33 086	34 910	40 813	45 278	41 778	44 346	50 653
Nicaragua	6 630	5 955	5 677	6 012	5 637	5 694	4 938	2 276	4 288	4 241
Panama	27 321	28 990	30 275	34 657	31 105	27 865	31 603	31 041	36 172	36 182
Andere Länder Lateinamerikas	77 949	66 196	70 594	76 861	77 026	70 216	67 017	65 682	44 089	53 132
Brasilien	8 102	5 071	6 173	7 330	7 110	3 693	3 748	3 252	4 354	4 850
Ecuador	69 847	61 125	64 421	69 531	69 916	66 523	63 269	62 430	39 735	48 282
Asien	51 974	48 171	54 620	51 203	53 959	56 494	52 195	56 273	39 739	48 557
China	6 614	6 063	8 267	5 236	6 614	5 622	4 299	5 181	5 842	5 512
Philippinen	45 360	42 109	46 353	45 967	47 345	50 872	47 896	51 093	33 896	43 046
Gesamt	270 512	273 646	290 452	307 730	316 967	317 125	314 881	314 053	270 749	300 210

Quelle: UPEB (Hg): *Informe Mensual*. Ausgabe 77. Panama 1986

Quelle: Skrodzki/Brunner, "Bananen", Edition dia, 1988

Beispiel: Nicaragua

Die Gewerkschaften, die Genossenschaften und die **COMUNBANA**, das sind drei Versuche, den Bananenhandel so umzuformen, daß er den Anbauländern selbst zugute kommt.

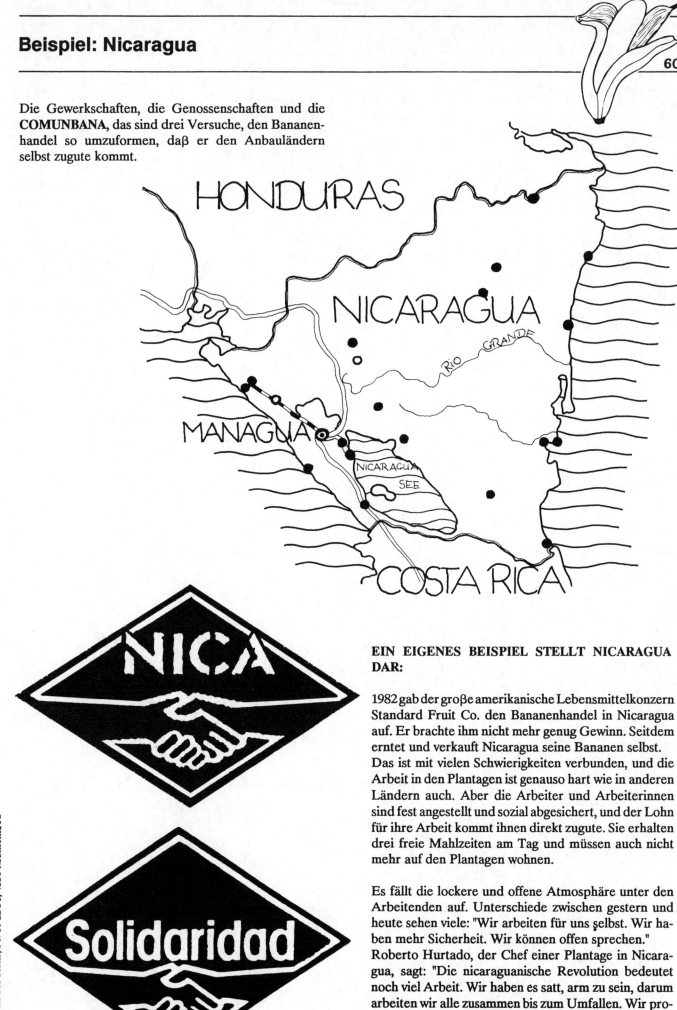

EIN EIGENES BEISPIEL STELLT NICARAGUA DAR:

1982 gab der große amerikanische Lebensmittelkonzern Standard Fruit Co. den Bananenhandel in Nicaragua auf. Er brachte ihm nicht mehr genug Gewinn. Seitdem erntet und verkauft Nicaragua seine Bananen selbst. Das ist mit vielen Schwierigkeiten verbunden, und die Arbeit in den Plantagen ist genauso hart wie in anderen Ländern auch. Aber die Arbeiter und Arbeiterinnen sind fest angestellt und sozial abgesichert, und der Lohn für ihre Arbeit kommt ihnen direkt zugute. Sie erhalten drei freie Mahlzeiten am Tag und müssen auch nicht mehr auf den Plantagen wohnen.

Es fällt die lockere und offene Atmosphäre unter den Arbeitenden auf. Unterschiede zwischen gestern und heute sehen viele: "Wir arbeiten für uns selbst. Wir haben mehr Sicherheit. Wir können offen sprechen."
Roberto Hurtado, der Chef einer Plantage in Nicaragua, sagt: "Die nicaraguanische Revolution bedeutet noch viel Arbeit. Wir haben es satt, arm zu sein, darum arbeiten wir alle zusammen bis zum Umfallen. Wir produzieren Bananen, bald auch andere Erzeugnisse, die wir auf dem Weltmarkt verkaufen wollen. Aus einem einzigen Grund: Wir haben es satt, arm zu sein."

BANANEN - DER MARKT

DER WEG VOM HAFEN ZUM VERBRAUCHER

• Welchen Weg nehmen die Bananen vom Hafen der Anbauländer zu uns?
Frage einen Einzelhändler danach!

⋮ Ein moderner Bananendampfer braucht heute für die 9.200 Kilometer lange Strecke von Südamerika bis zu uns nach Europa 10 bis 13 Tage.

⋮ In den europäischen Häfen werden sie auf Kühlwaggons geladen und zu den Reifereien gebracht, wo sie in Reifekammern 4 bis 10 Tage lang nachreifen.

⋮ Dann werden die Bananenhände gewogen und mit den Verkaufspreisen versehen.

⋮ Schießlich werden die Bananenkartons zum Verkaufsladen gefahren, wo Du sie kaufen kannst.

• Wie lange braucht die Banane von der Ernte bis in den Laden?

• Täglich kommen ewa 100.000 Bananenkartons (rund 2.000 Tonnen) zu uns. Besorge Dir Bananenkartons und stelle sie zusammen. Wieviel Raum würden 100.000 davon einnehmen?

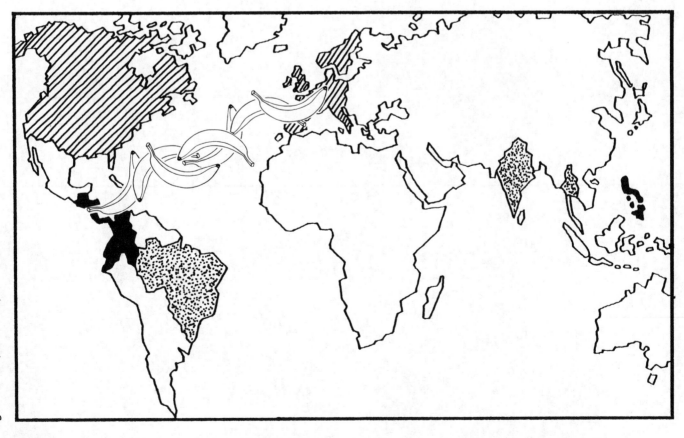

■ Hauptexportländer   ░ Hauptanbauländer   ▨ Hauptimportländer

Wer verdient an den Bananen?

Du brauchst: 1 Messer
4 Zahnstocher
1 BANANE

1. Teile die Banane mit dem Messer so auf, daß es ungefähr mit der Zeichnung übereinstimmt.

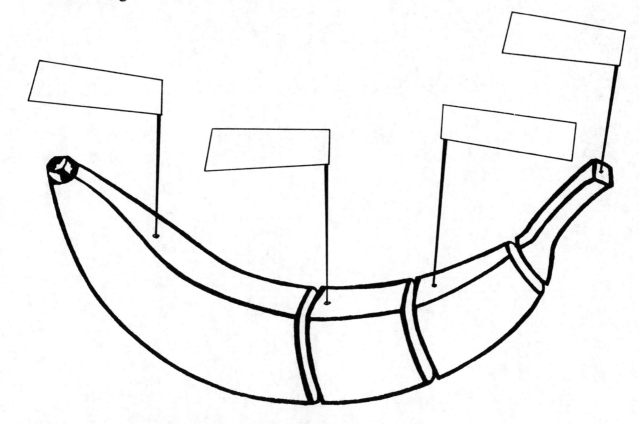

2. Schneide aus:

| Der Besitzer der Plantage |
| Der Arbeiter auf der Plantage |
| Die Transportunternehmen, die die Bananen nach Europa bringen |
| Der Konzern, der die Bananen in Europa **verkauft** |

3. Wer bekommt was? Was vermutest Du?
Stecke die Schildchen mit Hilfe der Zahnstocher in die Bananenstückchen.

4. Vergleicht Eure Ergebnisse. Begründet!

5. Vergleicht mit dem Lösungsblatt.

6. Findet Ihr das gerecht?

Wer verdient an den Bananen?

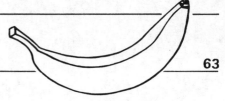

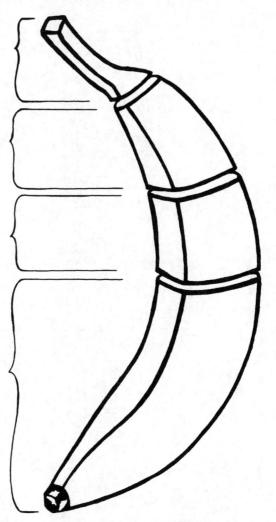

*Ich bin eine Banane.
Viele Menschen wollen an mir satt werden, aber ...*

Der Arbeiter in der Plantage, auf der ich gewachsen bin, bekommt nur dieses Stück.

Der Besitzer der Plantage bekommt doppelt soviel wie der Arbeiter.

Die großen Transportunternehmen, die mich nach Europa transportieren, schneiden noch einmal ein so großes Stück ab.

Den größten Bissen erhält der Konzern, der die Bananen in Europa verkauft, nämlich eine ganze Hälfte von mir.

Und ich bin eine Nicaragua-Banane

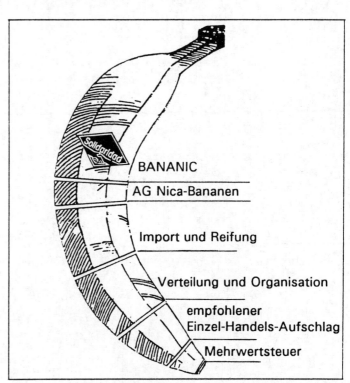

BANANIC ist die genossenschaftliche Vermarktungsgesellschaft für Bananen in Nicaragua.

Die **AG Nica-Bananen** finanziert mit ihrem Anteil am Erlös Projekte, z.B. Schulen, Kindergärten und Krankenhäuser in Nicaragua.

BANANEN - DIE ALTERNATIVEN

Die Gelbsucht der Chiquita

Ein sehr modernes Märchen

Chiquita wuchs als hübsche Banane unter vielen anderen Bananen in El Salvador auf. Nahezu täglich schien die Sonne über einer großen Farm, die der United Fruit Company gehörte.

Chiquita war neugieriger als ihre anderen Bananen-Brüder und Bananen-Schwestern. Sie spitzte deshalb die Ohren, wenn die Arbeiter miteinander sprachen. Einmal sagte José: "Es gibt so viele Arbeitslose in diesem Land. Viele könnten Arbeit finden, wenn man auf dieser Plantage nicht so viele Maschinen einsetzen würde. Gilt nicht der Mensch mehr als die Maschine? Wer eigentlich profitiert durch unsere Bananen? In den reichen Ländern der Welt kaufen die Menschen das ganze Jahr über billige Bananen. Wir aber erhalten als Arbeitslohn für das Pflücken nur fünf Pfennig pro Kilo. Da stimmt doch etwas nicht ..."

Chiquita war sehr aufgebracht. Als ihr Interesse einmal geweckt war, da sah sie mit eigenen Augen, daß vieles in der Umgebung nicht in Ordnung war. Es gab einige wenige Menschen, die sehr reich waren, und viele andere, die fast nichts hatten. Manchmal kamen die Direktoren und Besitzer des Bananenlandes auf die Farm. Sie sprachen immer nur von Bananen und Profit. Für die Arbeiter interessierten sie sich nicht.

Ich möchte ganz für die Menschen da sein, nahm sich Chiquita vor. Die anderen Bananen lachten und meinten: "Da wird dir auch nichts anderes übrigbleiben. Schon morgen werden wir gepflückt. Dann müssen wir durch viele Kontrollen. Wenn wir gesund und frisch sind, werden wir über eine große Straße zum Hafen gefahren. Von dort gelangen wir in die Schweiz und nach Deutschland."

Chiquita freute sich. Sie blickte voller Stolz auf sich herab und sah, daß sie schön lang, dick, frisch und gesund war. Ohne Schwierigkeiten passierte sie deshalb alle Kontrollen. Das Leben wurde für sie aufregend. Sie wurde gewaschen und verpackt, kam in den Bauch eines großen Schiffes und später in einen Güterzug. Schließlich landete sie in einem Geschäft in Zürich. Dort hing Chiquita vor einer großen Spiegelwand unter vielen Bananen. In ihrer Nachbarschaft lebten aber noch andere Früchte: Orangen, Zitronen, Datteln und schöne Schweizer Äpfel. Die Schweizer Äpfel waren ein wenig hochmütig. Sie konnten es nicht hören, wenn die Bananen von Latein- und Mittelamerika erzählten und von der weiten Reise auf dem Schiff.

"Spielt euch doch nicht so auf", riefen sie. "Ihr wollt euch nur wichtigmachen. Wir sind aber hier in der Schweiz aufgewachsen. Wir haben keine teure Fahrt hinter uns und doch sind wir fast genauso teuer wie ihr. Schweizer Äpfel sind deshalb wertvoller als Bananen."

Chiquita ärgerte sich sehr. "Nein", rief sie, "ihr seid nicht wertvoller. Nur weil die Schweiz mit Bananen überschwemmt wird, sind wir so ..."

Sie kam nicht weiter. Eine Frau hatte sie genommen und in einen Einkaufswagen gelegt. Von dort aus wanderte sie in eine dunkelrote Tasche aus Plastik. Als sie sich an die Dunkelheit gewöhnt hatte, erkannte sie, daß sie nicht allein war. Da lag noch ein Paket Kaffee. Es kam aus Brasilien und nannte sich Mr. Goldina.

"Ärgere dich nicht über die Schweizer Äpfel", tröstete er Chiquita. "Auch ich habe eine ähnliche Geschichte hinter mir wie du. Hier in der Schweiz verkaufen sie mich dreimal so teuer wie im Großhandel drüben in Brasilien. Die armen Kaffeebauern aber erhalten nahezu nichts für all ihre Arbeit. Niemand denkt darüber nach, wieviel Schweiß an einem Kilo Kaffee hängt."

"Das ist ja entsetzlich", stöhnte Chiquita. "Die Menschen in der Schweiz wissen das alles nicht. Wir müssen es ihnen sagen."

"Die Menschen verstehen unsere Sprache nicht", entgegnete Mr. Goldina-Kaffee. "Ich habe auch den Eindruck, daß die Menschen nicht gern etwas über Ausbeutung hören. Es könnte ihnen den Appetit an Kaffee, Orangen, Schokolade und Bananen zerstören."

Chiquita fühlte eine ohnmächtige Wut in sich aufsteigen. Wie sehr hatte sie sich in der Schweiz für ihre Landsleute einsetzen wollen! Dies also war nun die Wirklichkeit? Die Menschen wollten nicht wissen, wie es um jene stand, die die kostbaren Produkte herbeischafften?

Chiquita ärgerte sich entsetzlich. Ärger ist bekanntlich kankheitsfördernd. Chiquita wurde gelber und gelber. Ihre Haut unter der Schale begann dunkelbraun zu werden. Sie fühlte sich ohnmächtig, matt und krank.

Dann hörte sie nur noch eine Kinderstimme aus weiter Ferne: "Mutti, diese Banane ist schon faul. Du mußt neue kaufen. Die sind ja so billig, gell?"

Wie die Nica-Banane nach Europa kam

Nicaragua ist ein kleines Land in Mittelamerika.

Früher beherrschte ein großer nordamerikanischer Konzern den Bananenanbau in Nicaragua. Aber er zog sich 1982 aus dem Geschäft zurück, denn der Handel mit Bananen aus Nicaragua brachte ihm nicht mehr genug Gewinne ein.

So nahm das Land Nicaragua den Anbau und Verkauf der Bananen selbst in die Hand. Alle Bananen wurden nach Nordamerika verkauft.

Aber 1985 stoppte die USA den Handel mit Waren aus Nicaragua. Und auf einmal gab es keine Käufer mehr für die Bananen. Es mußten neue gefunden werden.

So kam die Nica-Banane nach Europa.

Du findest sie unter drei verschiedenen Namen: Tipito, Unica und Carizo. Achte einmal darauf.

Was man tun kann: Die AG Nica-Bananen

Arbeitsgemeinschaft
NICARAGUA-BANANEN
in der Bundesrepublik Deutschland

Um Nicaragua beim Aufbau seines Absatzmarktes in der Bundesrepublik zu unterstützen, haben sich verschiedene Organisationen und Solidaritätsgruppen nach Schweizer Vorbild in der **Arbeitsgemeinschaft Nicaragua-Bananen** zusammengefunden (u.a.: Wirtschaftsstelle Evangelischer Missionsgesellschaften, WEM, Hamburg; Arbeitsgemeinschaft Dritte Welt Läden, AG3WL, Darmstadt; H.M.Schöll in KED, Nürnberg; Liberacion, Lehrte; Hessisches Forum entwicklungspolitischer Aktionsgruppen, HEFO, Gelnhausen; Dritte Welt Laden, Ravensburg; Nicaragua-Verein, Hamburg).

Die AG hat sich folgenden Aufgabenkatalog gegeben:

- **Schaffung eines kritischen Verbraucherbewußtseins bezüglich des Bananenmarktes; für den alternativen Konsum der Nicaragua-Bananen**
- **Kritik herrschender Weltmarktstrukturen am Beispiel Bananen**
- **Kontakte zu den für Bananen verantwortlichen Stellen in Nicaragua (BANANIC und EMBANOC)**
- **Förderung u. Pflege des kommerziellen Marktes**
- **Vereinheitlichung und Ausweitung des Absatzes durch Solidaritätsgruppen**
- **Vernetzung der an der Bananen-Aktion beteiligten Gruppen**
- **Bereitstellung von Materialien für Gruppen und Konsumenten**

Durch die Aktion »NICARAGUA-BANANEN - DIE MIT SOLIDARITÄTSBEITRAG« soll über Solidaritätsgruppen, Dritte-Welt-Läden, Bio-Läden u.a. der Absatz von Nicaragua-Bananen angekurbelt, über Bananen und Nicaragua informiert sowie Projekte zugunsten der PlantagenarbeiterInnen unterstützt werden. Diese Bananen werden direkt in Reifereien gekauft und über ein Netz von Abholstellen an die Gruppen weitergegeben (z.Zt. jeden 1. und 3. Mittwoch im Monat). Die nicaraguanische Botschaft und die AG NICARAGUA-BANANEN hoffen, daß die Solidaritätsgruppen einen so hohen Absatz erreichen können, daß ein direkter Abnahmevertrag zwischen der Vermarktungsstelle BANANIC und der AG möglich wird.

Gruppen und Läden, die sich an der Aktion »NICARAGUA-BANANEN - DIE MIT SOLIDARITÄTSBEITRAG« beteiligen wollen, können die Bananen kistenweise für DM 2.70/kg (in einem Karton sind rund 18 kg) über die AG beziehen. Der Abgabepreis von DM 2,70 setzt sich zusammen aus Einkaufspreis in der Reiferei plus Kosten für Organisation, Information und Werbung, Mehrwertsteuer sowie dem Solidaritäts-Beitrag.

Üblicherweise ist der Bananenpreis auf dem kommerziellen Markt starken Schwankungen unterworfen, richtet sich z.T. auch nach dem jeweiligen saisonalen Angebot anderen/einheimischen Obstes. Da Bananen nicht lagerfähig sind, müssen sie verkauft werden, sobald sie im europäischen Hafen angekommen sind - egal welcher Preis dann erzielbar ist. Fester Einkaufspreis und solidarischer Mehrpreis sollen hier bewußt ein Gegenbeispiel setzen: es ist keine wohltätige Spendensammlung, sondern Geld, das über den Verkauf des Produktes direkt zu den Produzenten in die Plantagen zurückkommt, also unmittelbar mit deren Arbeit verknüpft ist; praktisch eine Vorwegnahme eines gerechteren Preises, wo ansonsten viel zuwenig gezahlt wird.

Der Solidaritäts-Beitrag fließt in einen gemeinsamen europäischen Fonds (von schweizerischen und deutschen Nicaragua-Bananen-Gruppen und der belgischen Hilfsorganisation Oxfam) für Projekte zur Verbesserung der Lebens- und Arbeitsbedingungen auf den Bananenplantagen in Nicaragua: Bau und Unterhaltung von Kindertagesstätten, Aufbau einer Milch- und Käseproduktion sowie einer Verwertungsanlage für Abfallbananen und die Einrichtung eines Labors zur Qualitätsverbesserung der Produktion - vier Vorhaben, deren Verwirklichung dringender Wunsch der für die Plantagen verantwortlichen Produktionsgesellschaft EMBANOC ist.

Die AG NICARAGUA-BANANEN stellt für die Aktion vielfältiges Material bereit: Plakate, Broschüren, Handzettel, Dia-Serie, Videos, Ausstellung etc. Weitere Informationen in den beiden Regionalbüros:

Regionalbüro NORD
Sedanplatz 6a, 3160 Lehrte, Tel.: 05132 - 52980

Regionalbüro SÜD
Petersiliengasse 1, 6460 Gelnhausen, Tel.:06051-15177

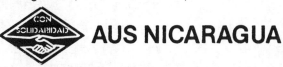

WENN SCHON BANANEN, DANN AUS NICARAGUA

Die Bananenfrauen

Angefangen hat es mit ein paar Frauen in der Schweiz. Sie stellten sich und anderen die Frage, warum Bananen eigentlich so billig sind, billiger als Äpfel, die doch immerhin in unseren Breiten wachsen, während Bananen von "irgendwoher" kommen.

Und sie stellten dabei fest, daß wir in der Schweiz, in Deutschland, in den reicheren Ländern, davon profitieren, daß es den Menschen in den ärmeren Ländern, aus denen die Bananen kommen, schlecht geht; sie fanden nämlich heraus, daß der Preis für Bananen deshalb so niedrig ist, weil die Menschen, die sie anbauen und ernten, nur einen winzigen Teil des Geldes, das wir dafür bezahlen, erhalten, und der größte Teil für die Fracht und für die Händler bestimmt ist.

Die Frauen schlossen sich zusammen und lernten erst einmal Spanisch, um so die Verhältnisse in den Ländern, aus denen die Bananen kommen, besser verstehen zu können, und fuhren dann in diese Länder, nach Mittel- und Südamerika, um sich vor Ort kundig zu machen.
Das war der Beginn ihrer "Bananenaktion", in der sie sich dafür einsetzten, hierzulande aufzuklären über die Lebensbedingungen der Menschen in den Anbauländern der Bananen und für eine gerechtere Vermarktung der Bananen zu sorgen, damit die Gewinne wieder den Arbeitern auf den Plantagen selber zugute kommen.

Als 1973 der Preis für ein Kilogramm Bananen auf dem Weltmarkt um etwa 15 Pfennige fiel, war ihre erste Aktion, einige Obsthändler in der Schweiz dazu zu bringen, diese 15 Pfennig wieder auf den Preis der Bananen aufzuschlagen und mit dem Erlös die Bananenländer zu unterstützen. Im Laufe der Jahre kamen so über 100.000 DM zusammen.

Als dann die USA einen Kaufstop für alle Waren aus Nicaragua verhängte, erreichten sie, daß die Bananenkartons, auf denen Nicaragua sonst sitzen geblieben wäre, nach Europa gelangten und dort abgesetzt werden konnten.

Auch für diese Bananen verlangten sie einen Aufpreis, der direkt ins Land zurückfließt für den Kauf eines Notfallautos, für den Bau eines Gesundheitszentrums und einer Kindertagesstätte.

Aktion begann in Frauenfeld

Ein Bericht aus der Schweiz
Seit 13 Jahren läuft die Aktion

Eine Idee, die in der letzten Zeit weit über die Schweizer Landesgrenzen hinaus Schule gemacht hat, ist 1973 in Frauenfeld ausgedacht worden. Damals wollten die Bananenfrauen die Konsumenten und Konsumentinnen überzeugen, 15 Rappen mehr für ein Kilo Bananen zu bezahlen.

Heute ist aus der Idee eines gerechteren Preises für die Bananenproduzenten - die Bananen stehen hier beispielhaft für viele andere Produkte - die Aktion zur Vermarktung der Nicaragua-Bananen in der ganzen Schweiz geworden. Am Anfang stand die Frage, wieso Bananen viel billiger sind als unser eigenes Obst. 1973 wurde der Preis für ein Kilo Bananen wegen der Dollarabwertung um 15 Rappen pro Kilo gesenkt. Durch den Film "Banana Libertad" über die Machenschaften im Bananenhandel einigermaßen informiert, wollten die Bananenfrauen auf die 15 Rappen Preisnachlass zugunsten der Plantagenarbeiter verzichten. Viele Detaillisten in der ganzen Schweiz beteiligten sich an der Aktion, was zum ersten ermutigenden Erfolg führte, daß Aufbauprojekte der großen Hilfswerke mit über 100 000 Franken unterstützt werden konnten.

Beispiel Bananen

Am Beispiel Bananen ist relativ einfach zu zeigen, wie heute der Weltmarkt funktioniert. Der Bananenmarkt wird von drei multinationalen Gesellschaften beherrscht: der United Brands Co. (Chiquita), der Standard Fruit Co. (Dole) und der Del Monte (Del Monte). 1974 schlossen sich dann Guatemala, Honduras, Costa Rica, Pananma, Kolumbien und die Dominikanische Republik zur Union der Bananen exportierenden Länder zusammen. Venezuela und Nicaragua traten später der Union bei. Die Union wollte die Position der Produzentenländer gegenüber den transnationalen Gesellschaften bezüglich der Produktion, Vermarktung und Preispolitik stärken. Als erste Maßnahme wurde eine Exportsteuer erhoben von einem Dollar pro Kiste Bananen (18,4 Kilo), welche höhere Löhne, eine bessere Infrastruktur

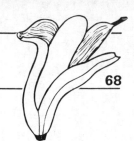

sowie eine eigene Transportflotte garantieren sollte. Die Multis kamen aber überein, diese Steuer nicht zu bezahlen, und bekämpften sie, erreichten aber nur teilweise ihr Ziel (die Steuer schwankte zwischen 25 und 95 Cents). 1985 wurde diese Steuer in Guatemala und Honduras mit der Begründung hoher Verluste nicht mehr bezahlt. In anderen Ländern wurde sie drastisch gesenkt.

Als nächsten Schritt gründete die Union eine Handelsfirma, die Comunbana SA, welche 1978 ihr erstes Schiff Bananen nach Jugoslawien exportierte. Da sowohl der amerikanische wie der europäische Markt mit Bananen gesättigt war, blieben der Comunbana nur noch die Märkte in den sozialistischen Ländern, im Orient und in Nordafrika; alles Länder, welche selber kaum Devisen besitzen. Der erste Versuch der zentralamerikanischen Bananenländer, ihr eigenes Produkt selber zu vermarkten und den Ertrag im Land zu behalten, scheiterte im Frühjahr 1982 an der Zahlungsunfähigkeit Jugoslawiens.

Handelsembargo

In Nicaragua betrieb die United Brands Co. Produktion und Vermarktung der Bananen bis in die sechziger Jahre. 1972 übernahm dies die Standard Fruit Co. Zehn Jahre wurden Nicaraguas Bananen unter dem Namen Dole nach Kalifornien exportiert. 1982 wurde der Vertrag von der Standard Fruit von einer Woche auf die andere gekündigt. Die staatlichen Genossenschaften Embanoc (Produktion) und das staatliche Handelsdepartement Bananic (Handel) sahen sich gezwungen selber aktiv zu werden: Drei Jahre lang führte Nicaragua seine Bananen nach Kalifornien aus, wo sie von der Pandol Brothers Co. verkauft wurden, zur Zufriedenheit beider Partner. Das Handelsembargo der USA setzte diesem Handel im Mai 1985 ein abruptes Ende. Praktisch von einem Tag auf den anderen mußte Nicaragua nun eine Absatzmöglichkeit für 50 000 bis 110 000 Kisten Bananen pro Woche finden.

In Zusammenarbeit mit europäischen Importeuren gelang es erstmals, Bananen aus Nicaragua nach Europa zu bringen. Dies brachte einige Schwierigkeiten mit sich, da der europäische Markt übersättigt und qualitativ anspruchsvoller ist. Dazu kam, daß der Sommer die schlechte Saison für Bananen ist, daß die Multis diese Bananen auf dem Markt nicht aufkommen lassen wollten und daß die Erfahrungen für den Export nach Europa völlig fehlten. Die Qualität der "Nicas" in den ersten Monaten war schlecht, da infolge des fünfmal längeren Weges nach Europa der Schneidezeitpunkt anders gewählt werden mußte. Der Markt in Europa wurde jetzt plötzlich mit anfänglich 50 000 Kisten Bananen mehr beliefert, was einen Preiszerfall bewirkte. Zunächst fiel der Preis von 17 Mark pro Kiste im Spätherbst auf 7 Mark; ein Preis, der nicht einmal die Transportkosten zu decken vermochte. In den ersten drei Monaten dieses Jahres erhöhte sich der Preis auf 28 Mark.

Bewußte Konsumenten

Aus den obigen Darstellungen ist leicht zu ersehen, daß die "Nicas" aus eigener Kraft am freien Markt in Europa gescheitert wären. Weil aber die Nicaragua-Bananen vier wichtige Voraussetzungen eines gerechten Handels mit der Dritten Welt erfüllen und nicht primär wegen der Solidarität mit Nicaragua unterstützen die Frauenfelderinnen die Vermarktung der "Nicas" in der Schweiz. Der erste Punkt ist, daß keine ausländischen Konzerne über Produktion und Vermarktung die Kontrolle ausüben. Die Bananenproduktion macht in Nicaragua ein Zehntel des gesamten Exporterlöses aus, ein dringend benötigter Anteil für die Wirtschaft des Landes also. Zudem steht die Verbesserung der Lebensbedingungen und der Infrastruktur der arbeitenden Bevölkerung an erster Stelle der Planung, und alle Exporterlöse gehen vollumfänglich ins Land zurück. Dadurch daß man in der Schweiz eine bewußte Käuferschicht ansprechen konnte, bekamen die nicaraguanischen Bananen aber auch ihr Markenimage; der ideelle Wert der "Nicas" wird jetzt selbst von Händlern betont. Heute werden rund 2500 Kisten Bananen von Nicaragua in die Schweiz eingeführt, die Qualität ist weitgehend gut, und die Erschließung von weiteren Märkten in Europa ist geplant.

Quelle: Thurg. Zeitung, 8.7.1986

  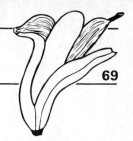

Nicaragua nach der Wahl im Frühjahr '90

Nach der Wahl - Wie geht es weiter?

"Wir sind stolz auf den Beitrag dieses mittelamerikanischen Landes, das Männer hervorgebracht hat wie Dario und Sandio. Nicaragua hat den mittelamerikanischen Völkern Lateinamerikas und der Karibik, den Völkern der Entwicklungsländer dieser ungerechten, zwischen Mächtigen und Schwachen aufgeteilten Welt ein bißchen Würde, ein bißchen Demokratie und soziale Gerechtigkeit gegeben."

(Daniel Ortega)

Nachdem der unerwartete Wahlausgang in Nicaragua nun schon etwas zurückliegt, sind die Konturen des künftigen Nicaragua nicht klarer.

Die Brüche innerhalb der Regierungs-Allianz verlaufen dabei weniger zwischen den 14 Parteien und Gruppierungen dieses heterogenen Bündnisses als zwischen den unterschiedlichen Interessengruppen aus Contras und Somozisten, nationaler Bourgeoisie um den reaktionären Unternehmerverband COSEP, dem sogenannten. politischen Rat der Uno mit dem designierten Vize-Präsidenten Virgilio Gody an der Spitze sowie dem engeren (Familien-)Kreis um die künftige Präsidentin Violeta Barrios de Chamorro.

Und die USA? Nach dem Wahlsieg ihrer Kandidatin hat die Regierung Bush das Handelsembargo aufgehoben und 300 Millionen Dollar Wirtschaftshilfe im Kongreß beantragt, die in keinem Verhältnis stehen zu den Unsummen von Dollars, mit denen die Contra finanziert wurde, geschweige denn zum gesamten volkswirtschaftlichen Schaden durch die jahrelange Blockade- und Interventionspolitik der USA. Ansonsten ist nach der militärischen Lösung in Panama und der "demokratischen" in Nicaragua nun bereits Kuba ins Visier genommen, um im Hinterhof endgültig aufzuräumen.

Wie geht es mit den Nicaragua-Bananen weiter?

Auf diese spezielle Frage im gesamten Kontext gibt es derzeit noch keine endgültigen Antworten. "Nadie sabe nada" - keiner weiß, was passiert, heißt es aus Nicaragua. Verschiedene Szenarien sind denkbar:

Privatisierung der Plantagen?
Die Aufhebung des Staatsmonopols im Außenhandel und weitgehende Reprivatisierungen der Wirtschaft gehörten zum Wahlprogramm der U.N.O. Ein ehemaliger Besitzer einer Bananen-Fincas ist als Landwirtschaftsminister im Gespräch. Aber konkrete Informationen gibt es nicht. Es ist auch die Frage, was an Privatisierungsplänen letztlich gegen die FSLN und die Organisation der Landarbeiter und Kleinbauern durchgesetzt werden könnte, die entschlossen sind, die volkseigenen Wirtschaftsbereiche zu verteidigen.

Rückkehr eines Konzerns?
Abgesandte der Standard Fruit Co. sowie der United Fruit Co. haben bereits angeklopft, (noch) sind sie nicht empfangen worden. Das mag nach dem Regierungswechsel anders aussehen. Das Interesse der Multis liegt darin, sich Zugriff auf weitere Produktiongebiete zu sichern und die lästige Konkurrenz einer unabhängigen Vermarktung loszuwerden.

Gehen die Bananen künftig in der USA?
Derzeit hat Nicaragua keinerlei Absatzprobleme in Europa und erzielt gute Preise, bedingt durch die steigende Nachfrage aus den osteuropäischen Ländern. Die Bananen-Preise liegen gut um 30 % über dem VorjahresNiveau; soviel ist in den USA nicht zu verdienen, vor allem dann nicht, wenn mit einem Male die gesamte nicaraguanische Produktion wieder auf den US-Markt geworfen würde. Aber: der Grund, weshalb die Nica-Bananen vor fünf Jahren nach Europa kamen, das Handelsembargo, ist entfallen; der nahe US-Markt lockt. Und was passiert im Herbst, wenn in Europa saisonal bedingt die Preise wieder in den Keller gehen? Das BANANIC-Büro in Zeebrügge favorisiert eine Doppelstrategie: den Fuß in Europa drinlassen (solange es sich lohnt), aber auch die Chancen des US-Marktes nutzen ...

Die zentrale Fragestellung für uns in der Solidaritätsarbeit wird sein, wie wir uns politisch zu den sich abzeichnenden Veränderungen in Nicaragua verhalten. Mit der Wahlniederlage der FSLN ist die Revolution nicht zuende, wie Daniel Ortega gesagt hat. Aber ihre Spielräume werden enger. Z.B. für unseren direkten Projektpartner in den Plantagen, die Gewerkschaft ATC, für die Frauenorganisationen, Kleinbauern und Produktionskooperativen, die FSLN selbst. Sie brauchen unsere Solidarität und Unterstützung weiterhin, vielleicht mehr denn je. Ob dazu auf lange Sicht der Handel mit Bananen politisch noch Sinn macht, ist im Moment nicht zu beantworten, kurzfristig schon.

Aktuelle Informationen zur Bananen-Aktion erhält man bei folgenden Adressen:

Regionalbüro Nord
Liberación
Sedanplatz 6a
3160 Lehrte
Tel.: 05132 / 52980

Regionalbüro Süd
BanaFair
Petersiliengasse 1
Postfach 1158
6460 Gelnhausen
Tel.: 06051 / 16350
od. 15177

Bananen-Brief Nr. 2 / 1990
Hrsg.: AG Nica-Bananen e.V.
Bezug: über die Regionalbüros

Was können wir tun?

Info- und Verkaufsaktionen

- z.B. mit einem Stand am Markt (Genehmigung erforderlich), bei Solidaritätsveranstaltungen, Gemeindefesten usw.

- als Straßenhändler mit Leiterwagen oder Bauchladen in der Fußgängerzone, bei Demos, Kundgebungen u.a.

- im Dritte Welt Laden: regelmäßig oder gelegentlich, je nach den örtlichen Bedingungen und Möglichkeiten (beim erstenmal am besten vorher gut ankündigen) "Vorverkauf" über Gutscheine oder Bestellungen läßt die Menge besser kalkulieren.

- die Bananen können einzeln oder (wie im normalen Handel) kiloweise gewogen oder geschätzt (ca. 5 - 6 Stück) gegen Festpreis oder Spende abgegeben oder natürlich auch verschenkt werden - das kommt ganz auf den Rahmen der jeweiligen Aktion an; überhaupt machen Verkaufsaktionen mehr Sinn mit begleitenden Aktivitäten, die den wirtschaftlichen/politischen Hintergrund deutlich machen und damit auf ein bewußtes Verbrauerverhalten zielen. (z.B. mit Film-/Dia-Abend, Straßentheater, (Rollen-)Spielabend, Pressearbeit, Ausstellung, Kochen mit Bananen, ...)

- wie kommt man/frau an die Bananen ran? Am einfachsten geht das wohl über den nächsten Obstladen der schon NICAs führt oder der sich davon überzeugen läßt (gute Erfahrungen liegen hier vor mit kleineren Geschäften bzw. türkischen/griechischen Läden, die in ihrem Einkaufsverhalten frei sind und nicht an eine große Kette gebunden) oder eben durch Einkauf beim nächstgelegenen Großhändler/Großmarkt, der mit NICA-Bananen handelt.

- Großverbraucher wie Betriebskantinen, Krankenhäuser, Altenheime, Bildungshäuser und andere Einrichtungen bieten eine enorme Absatzchance: also hingehen, schreiben oder anrufen und die Geschichte mit den NICA-Bananen erzählen!

- überhaupt ist der langfristige Erfolg für Nicaragua ja nur gesichert, wenn die Bananen dauerhaft im normalen Fruchthandel untergebracht werden; die ständige Nachfrage im Obstgeschäft an der Ecke darf deshalb nicht vergessen werden.

Ein solch weitentwickeltes Verteilsystem für Bananen ist bislang einmalig im Bereich des alternativen Dritte-Welt Handels.
Momentan werden bereits mehr als 350 Kisten wöchentlich abgesetzt.

Aktionsvorschlag:

Kauft keine Früchte aus Südafrika - aber Bananen aus Nicaragua!

Mögliche Schritte:

1. Erkunden, wo der nächste Großmarkt ist und bis wann er geöffnet ist (ca. 10 Uhr).
2. Auf dem Großmarkt einen Händler ausmachen, der die Nica-Bananen hat oder bereit ist, sie zu besorgen.
3. Bananen bestellen (verschiedene Reifegrade möglich). Menge richtet sich nach der Zahl der Stände und Aktionstage. (2 Personen können in 4 Stunden in der Fußgängerzone gute 4 Kartons mit je 18 kg verkaufen, wenn sie nicht zu schüchtern sind).
4. Mit den übriggebliebenen Bananen läßt sich anschließend eine wunderbare Bananen-Fete feiern - es gibt sooo viele leckere Rezepte. Tips für den Stand: Ein Turm von Bananen-Kartons - oben drauf 2 offene, schräg gestellt - wirkt auffallender und professioneller als 5 Büschel Bananen auf einem Infotisch.

(Evang. Frauenarbeit in Deutschland, Boykott-Rundbrief Nr. 32, Frankfurt, Nov. 1986)

Es geht nicht nur um Nicaragua

Der EG - Binnenmarkt beunruhigt die Bananen-Pflanzer

Nach 1992 verlieren die kleinen AKP-Länder ihre Schutzräume - Preisvorteil für die Dollar-Frucht

Ausgerechnet Bananen? Richtig, die "Frucht mit dem Reißverschluß" gehört zu den Lieblingsspeisen der Bundesbürger. 871 000 Tonnen wurden im vergangenen Jahr importiert und mit 13 Kilo Bananen pro Kopf sind die Bundesbürger Spitzenreiter der Europäischen Gemeinschaft - mit steigender Tendenz, obwohl der Preis von durchschnittlich 3 Mark pro Kilo zur Zeit ungewöhnlich hoch ist.

Daß Bananen dennoch nirgends in der EG so billig zu haben sind wie hierzulande, ist letztlich ein Verdienst des Altkanzlers aus Rhöndorf. In einem Zusatzprotokoll der Römischen Verträge setzte Konrad Adenauer durch, daß Bananen, die auf dem Weltmarkt mit Dollars bezahlt werden müssen, zollfrei in die Bundesrepublik eingeführt werden dürfen, obwohl andere Europäer einen Einfuhrzoll von 20 Prozent entrichten müssen.

Seither futtern die Bundesbürger sogenannte Dollar-Bananen, die auf riesigen Plantagen in Mittelamerika wachsen und von drei marktbeherrschenden multinationalen Konzernen vertrieben werden. Noch knallhart und grün geerntet, treten die Früchte in Kühlschiffen bei 13 Grad Celsius ihre etwa zweiwöchige Seereise an. Immer noch unreif werden sie hier in Reifereien mit Warmluft umweht, bis die beliebte Familienfrucht nur noch grüne Spitzen, ansonsten aber eine makellos gelbe Schale hat.

Ob "Chiquita", "Dole" oder "Del Monte" - am Obststand ist die eine von der anderen nur durch die Aufkleber mit den Markennamen zu unterscheiden, denn alle drei Konzerne kultivieren und vermarkten die selbe Sorte. Die Cavendish-Banane setzt die Maßstäbe: 20 Zentimeter muß sie lang sein und einen Durchmesser von 4 Zentimetern aufweisen. Die Werbestrategen haben ganze Arbeit geleistet: Alles was diese Normen nicht erfüllt, gilt als unverkäuflich.

Das bereitet den kleinen Bananenproduzenten in anderen Teilen der Welt heftige Kopfschmerzen, zumal wenn sie an 1993 denken. Vor allem in der Karibik, aber auch in Westafrika fürchten die Bauern und Politiker, auf ihrem kolonialen Erbe sitzenzubleiben, sobald sich innerhalb Europas die Grenzen öffnen. Denn ihre Bananen sind zwar süß und sehr schmackhaft, oft aber klein, manchmal überreif und obendrein kosten sie noch mehr als die standardisierte Dollar-Ware. Bislang sind die ehemals europäischen Kolonien durch das Bananenprotokoll vor der übermächtigen Konkurrenz geschützt. Es ist Teil der Lomé-Verträge zwischen der EG und 68 Ländern Afrikas, der Karibik und des Pazifik, den sogenannten AKP-Staaten.

Noch gibt es keine einheitliche EG-Marktordnung, und bilateral ausgehandelte Abnahmekontingente sichern den AKP-Bananen ihre Schutzräume. Dabei geht es um etwa 1,3 Millionen Tonnen, die gut die Hälfte des EG Bedarfs an Bananen decken. So sind Frankreichs Obststände reserviert für Früchte aus den Überseeprovinzen Martinique und Guadeloupe sowie aus den früheren afrikanischen Kolonien Kamerun, Elfenbeinküste und Madagaskar. Die Italiener essen somalische Bananen und die Briten kaufen die Ernte der ostkaribischen Windward Islands auf. Mit Hilfe des Bananenprotokolls kommen die Zwergstaaten Grenada, St. Lucia, St. Vincent und Dominica zu Devisen. Auch für Portugal, Griechenland und Südspanien gelten Sonderregelungen: Sie beziehen die Früchte von den eigenen Bauern auf Madeira, Kreta und den Kanarischen Inseln.

Öffnen sich aber die Grenzen innerhalb Europas, müssen die bilateral vereinbarten Marktnischen verschwinden, so daß es auch für die Dollar-Banane keine Schranken mehr gibt. Für die AKP-Bauern käme das einer Katastrophe gleich, denn im freien Wettbewerb hätten ihre Bananen keine Chance mehr gegen die perfektere und billigere Konkurrenz aus Mittelamerika. Denn: Zu unterschiedlich sind die Anbaubedingungen. Im 80 000 Einwohner zählenden Dominica bewirtschaften die Bananenbauern 2 bis 3 Hektar große Familienbetriebe, lateinamerikanische Plantagen hingegen erstrecken sich über zigtausend Hektar. Traktoren fahren zwischen den Pflanzungsreihen, Maschinen sprühen Pestizide und die geernteten Büschel werden über ein Drahtseil direkt zur chemischen Behandlung und in die Verpackungsstation geschleust.- Zu bergig sind die Karibikinseln für solche Mechanisierung - Jäten ist hier noch Handarbeit. Der Kleinbauer auf Dominica krallt an steilen Berghängen durch seine Pflanzung, die während der Regenzeit oft gar nicht begehbar ist. Die 500 Meter bis zur Straße muß er zu Fuß zurücklegen, jeden Sack Dünger tragen, die ganze Ernte auf dem Kopf zum Auto schleppen.

Auf einer Konzernplantage in Costa Rica oder Honduras ist nicht nur die Banane standardisiert, sondern auch die vorgeschriebenen Handgriffe der Arbeiter. Um über 400 Prozent hat die Arbeitsproduktivität in dieser agroindustriellen Branche in zwanzig Jahren zugenommen und der Hektarertrag liegt hier doppelt so hoch wie auf dem kleinbäuerlichen Betrieb in Dominica. Auch gegen die weltumspannende Transportinfrastruktur der drei Multis, die hauseigenen Möglichkeiten und die millionenteuren Werbefeldzüge kommen die kleinen Bananenproduzenten nicht an.

Rund 40 Prozent beträgt die Preisdifferenz zwischen einer AKP-BAUERN- und einer Dollar-Frucht. Die EG hat ihren überseeischen Partnern Hilfe versprochen. Wie die aussehen soll, weiß man in Brüssel noch nicht. Frankreich und die Mittelmeerländer favorisieren nicht ohne Eigeninteresse einen Mindestpreis für Bananen - wie bei anderen EG-Agrarprodukten üblich. Die anderen Mitgliedsstaaten plädieren für einen Einheitszoll von weniger als 20 Prozent auf Dollar-Bananen. Gleichzeitig sollen Entwicklungsprojekte der Gemeinschaft die Anbaumethoden der Kleinen auf Weltmarktniveau bringen: Bessere Bananen, höhere Arbeitsproduktivität und effektivere Vermarktung, so argumentieren Experten, könnten dann einen Teil des verbleibenden Preisnachteils wettmachen.

So oder so. Deutsche Verbraucher werden am Obststand tiefer in die Tasche greifen müssen, denn mit dem AdenauerPrivileg ist es dann vorbei - ausgerechnet bei Bananen!

aus: Stuttgarter Zeitung, 19.5.1990

Bananenpresse

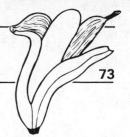

> Verfolge auch in Zukunft Berichte über Bananen.
>
> **Zur Übung:** Hier seht ihr 3 Artikel aus verschiedenen Zeitungen zu einer Meldung. Warum ist die Berichterstattung verschiedener Zeitungen so unterschiedlich?

Fyffes kann Honduras-Bananen kaufen

Die irisch-englische Gesellschaft Fyffes plc hat durch eine Vereinbarung mit United Brands über den Kauf von honduranischen Bananen in diesem Land Fuß gefaßt. Damit wurde ein dreimonatiger "Bananen-Krieg" beendet. United Brands, die bisher die gesamten Bananen der mehr als 600 unabhängigen Erzeuger in Honduras aufgekauft hatte, stimmte zu, daß Fyffes bis zum 31. März nächsten Jahres 40 Prozent davon übernehmen kann. 60 Prozent bleiben bei United Brands. Nach dem 31. März 1991 können die unabhängigen Erzeuger frei gegen Höchstgebot verkaufen. Der bisherige Vertrag zwischen United Brands und den unabhängigen Erzeugern betraf rund eine Million Kartons des honduranischen Exports von 47 Mio Kartons Bananen.

aus: Fruchthandel, 25/1990

Bananenkrieg in Honduras beendet

Der sogenannte Bananenkrieg in Honduras ist am Wochenende mit einem Abkommen zwischen dem US-Multi Chiquita Brand und der honduranischen Gesellschaft CAGSSA beendet worden, die künftig 40 Prozent ihrer Herstellung an die britische Firma Fiffes veräußern darf. Das Abkommen setzt dem Monopol der Bananenvermarktung in Honduras durch Chiquita, das nahezu 80 Jahre dauerte, ein Ende. Der Konflikt war Ende März ausgebrochen, als CAGSSA entschied, Bananen an Fiffes zu verkaufen, obwohl ein Vetrag die Gesellschaft verpflichtete, ihre Produktion bis 1991 an das Tochterunternehmen von Chiquita Brand, die Tela Railroad Company, zu veräußern.

aus: Hamburger Abendblatt, 11.6.1990

Schlappe für Chiquita

Der sogenannte Bananenkrieg in Honduras ist am Wochenende mit einem Abkommen zwischen dem US-Multi Chiquita Brand und der honduranischen Gesellschaft CAGSSA beendet worden, die künftig 40 Prozent ihrer Herstellung an die britische Firma Fiffes veräußern darf. Das Abkommen setzt dem Monopol der Bananenvermarktung in Honduras durch Chiquita, das nahezu 80 Jahre dauerte, ein Ende. Der Konflikt war Ende März ausgebrochen, als CAGSSA entschied, Bananen an Fiffes zu verkaufen, obwohl ein Vetrag die Gesellschaft verpflichtete, ihre Produktion bis 1991 an das Tochterunternehmen von Chiquita Brand, die Tela Railroad Company, zu veräußern.
Zuvor hatte sich CAGSSA wiederholt darüber beschwert, daß sich Tela weigerte, den Kaufpreis für Bananen zu erhöhen, der weit unter dem von Fiffes gezahlten Preis lag. Das neue Abkommen sieht vor, daß 60 Prozent bis März 1991 von Tela aufgekauft werden, während Fiffes den Rest für den europäischen Markt erwirbt.

aus: taz, 12.6.1990

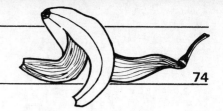

LITERATURHINWEISE:

- **Wenn schon Bananen, dann aus Nicaragua**
  Info- und Aktionsbroschüre, Hrsg. HEFO Gelnhausen, AG3WL Darmstadt

- **Bananen-Krieg - Das Exempel Guatemala**
  Schlesinger/Kinzer, dtv, München

- **Bananen - Konsequenzen des Geschmacks**
  Ursula Brunner/Johanna Skrodzki, Edition diá, Berlin 1988

- **Zum Beispiel Bananen**
  Ursula Brunner/Rudi Pfeifer, Lamuv Verlag, Göttingen 1990

- **Wen macht die Banane krumm?**
  Grießhammer/Burg, Rowohlt, Reinbeck 1989

- **Wer bezahlt die Rechnung?**
  Richard North, Peter Hammer Verlag, Wuppertal 1988

- **Die Kehrseite der Banane**
  Informationsstelle z.B. Bananen, Frauenfeld

- **Kleine Hände - Kleine Fäuste**
  Jungbrunnen-Verlag, München 1980

- **Schulpartnerschaften Nicaragua - Bundesrepublik**
  Arbeitsgruppe Oberkircher Lehrmittel (AOL), Mai 1987

- **Lehrer Service**, Heft Nr.31 Nord - Südfrüchte, Januar 1987

- **Sam Solidam** - Kinderzeitschrift mit Geschichten aus der 3.Welt und unserem Land
  Hrsg. Aktionsgemeinschaft Solidarische Welt e.V., Berlin

- **Alles Banane** - Ein gesamtdeutsches Kunstwerk, Rotbuch Comic

MATERIALIEN:

- Dia-Serie: **Bananenproduktion in Nicaragua**, von Ute Reinhard und Olaf Prim.
  58 Dias mit Begleitheft, 1987. Verleih: HEFO, Gelnhausen

- Film: **Banana Libertad**, von Peter Gunten
  60 Minuten, 16 mm. Verleih: Matthias-Film, Stuttgart

- Kurzfilm: **Los Bananeros**, von Oxfam, Gebana, AG Nica-Bananen
  20 Minuten, Farbe, VHS, Verleih: Medienwerkstatt, Freiburg oder AG Nica-Bananen

- Spiel: **Wen macht die Banane krumm? - Ein Handelsspiel**
  ab 14 Jahre, Hrsg. "Brot für die Welt" in Zusammenarbeit mit dem Arbeitskreis "Spiele zur Entwicklungspolitik"

ADRESSEN:

- Hessisches Forum entwicklungspolitischer Aktionsgruppen (HEFO)
  -Arbeitsgemeinschaft Nicaragua-Bananen:
  Regionalbüro Süd, Petersiliengasse 1, 6460 Gelnhausen
  Regionalbüro Nord, Sedanplatz 6a, 3160 Lehrte

- Arbeitsgemeinschaft Dritte Welt-Läden /AG3WL), Elisabethstraße 51, 6100 Darmstadt

- Schweizer Bananen - Aktion, Postfach Talbach, CH - 8500 Frauenfeld 2

- Bananen - Büro Berlin, c/o Chiquita Träger, Stefensandstraße 4, 1000 Berlin 19

- Bananen - Köln, c/o Symbol, Ubierring 6-8, 5000 Köln 1

Edition diá

Urs Ramseyer
Reis
Konsequenzen des Geschmacks
Gemeinsam herausgegeben mit dem
Museum für Völkerkunde Basel
120 Seiten mit Fotografien und
Abbildungen
20.– DM/Fr.
ISBN 3-905482-43-6

Reis ist Leben – nicht nur eines der
wichtigsten Nahrungsmittel der Welt.
Der Anbau von Reis ist eng mit dem
Leben der Bauern verbunden, Teil des
Religiösen wie des Alltäglichen. Urs
Ramseyer zeichnet die Geschichte des
Reis nach, erklärt seine botanische
Bedeutung, diskutiert seinen Nährwert
und schildert die unterschiedlichen
Anbausysteme. Am Beispiel von Indo-
nesien und Bali zeigt er auf, welche
kulturelle Bedeutung der Anbau von
Reis hat.

Bernd Merzenich · Al Imfeld
Tee
Gewohnheit und Konsequenz
184 Seiten mit Fotografien und
Abbildungen
26.- DM/Fr.
ISBN 3-905482-07-X

»Vom breiten Angebot der Bücher zum
Thema Tee hebt sich dieses Buch mit
Entschiedenheit ab. Zwar wird auch
hier über Geschichte, Anbaugebiete,
Verarbeitung und Zubereitung informiert, aber die Akzente sind anders
gesetzt: Im Mittelpunkt stehen kri-
tische Analysen von Handel und Markt,
betrachtet unter entwicklungspoliti-
schen Gesichtspunkten. Nachdrücklich
zu empfehlen.«
(Einkaufszentrale für öffentliche
Bibliotheken)

Johanna Skrodzki · Ursula Brunner
Bananen
Konsequenzen des Geschmacks
Gemeinsam herausgegeben
mit der Arbeitsgemeinschaft Gerechter
Bananenhandel (Schweiz)
und der Arbeitsgemeinschaft
Nicaragua-Bananen (BRD)
92 Seiten mit Fotografien und
Abbildungen
18.– DM/Fr.
ISBN 3-905482-34-7

Wir konsumieren Bananen – und nennen die Länder, die sie liefern, abfällig
Bananenrepubliken. Johanna Skrodzki
und Ursula Brunner, kompetente und
streitbare Mitinitiatorin der Schweizer
Bananen-Aktion, beantworten Fragen
zu Anbau und Herkunft, zu Handels-
weg und Vermarktung, zu Geschichte
und Wirtschaft dieses Welthandelspro-
dukts. Die Situation der Produzenten
wird am Beispiel Nicaragua anschaulich
beleuchtet. »Bananen – Konsequenzen
des Geschmacks« ist ein informatives
Lesebuch über Bananen und ihren Weg
zu uns.

Jochen Hippler
Honig – Von Menschen und Bienen
64 Seiten mit Fotografien und
Abbildungen
ca.18.- DM/Fr.
ISBN 3-905482-02-9
(Neubearbeitung Sommer 1990)

Bernd Merzenich
Gewürze
Konsequenzen des Geschmacks
80 Seiten mit Fotografien und
Abbildungen sowie einer
herausnehmbaren Gewürztabelle
2. überarbeitete Auflage
18.- DM/Fr.
ISBN 3-905482-16-9

Edition diá
St. Gallen/Köln/São Paulo

Edition diá
c/o El Tumi AG
Bahnhofstraße 8
CH-9000 St. Gallen
Tel.:(0 71) 23 43 32

Edition diá
Schorenstrasse 15
Postfach 47
CH-9013 St. Gallen
Telefon (0 71) 27 99 30

Edition diá
Urbanstrasse 169
D-1000 Berlin 61
Telefon (030) 6942012

❑ Kaffee - Eine Aktivmappe
Jörg Ratz
Ab Kl. 6, ca. 80 S., A4, Papph.   30.00 DM

Die Kaffeemaschine: Mittelpunkt des Lehrerzimmers! Lassen Sie sich von unserer Aktionsmappe führen: ins Serail, in Tausendundeine Nacht, in die inspirierende Atmosphäre der Kaffeehäuser, wo Kunst- und Kulturgeschichte geschrieben, musiziert und die Welt am Kaffeetisch revolutioniert wurde. Genießen Sie Kaffee literarisch, künstlerisch, musikalisch. Der Kaffee in unserer Tasse - woher stammt er, unter welchen Bedingungen wurde er angebaut, welche Geschäfte werden damit gemacht, wer verdient daran? Gibt es Alternativen zum Kaffeehandel? Eine vielfältige Projektmappe für Geschichte, Sozialkunde, Geographie, Deutsch, Kunst ... Und wenn Sie Kaffee nicht die Bohne interessiert, dann gucken Sie doch in unser "Tee-Projekt".

❑ Das Tee-Projekt
Brigitte und Dietrich Vater
**Ab Kl. 6, 89 S., A4, Papph.,
viele Illustrationen   32.00 DM**

"Warum trinken Engländer eigentlich immer soviel Tee?" - Diese aufregende Kreuzfahrt um eine exotische Pflanze, ihre Geschichte, ihre Auswirkungen beim Trinken und beim Handel mit ihr, Teekultur, Teezeremonie, Malen mit Tee bietet viele Ziele für Tagesausflüge. Englisch lernt man zwanglos im Dialog mit dem Thema. Keiner muß natürlich nur die in der Mappe beschriebenen Wege gehen - neue Pfade, neue Straßen zu entdecken ist spannender als Massentourismus.

❑ Eskimokartei
Burkhard Seidler, Dietmar Wagner
**Ab Kl. 7, 82 S., A4, Papph.
35.00 DM**

Jean C. Georges preisgekröntes Buch "Julie von den Wölfen" ist die Grundlage für eine Arbeitskartei zum Leben der Eskimos zwischen Tradition und Moderne. Die Kartei eignet sich hervorragend für einen offenen, fächerübergreifenden Literaturunterricht: Die 30 Arbeitsblätter begleiten die Lektüre des Taschenbuchs und regen exemplarisch einen aktiven, kreativen Umgang mit Literatur an. Die 31 Infoblätter erhellen in vielfältiger Weise das Leben von Tier und Mensch in der Arktis, die Gefährdung der Natur und der Ureinwohner durch die moderne Zivilisation. Dazu gibt es viele Arbeitsaufträge und Anregungen für die SchülerInnen, ausführliche Handreichungen für LehrerInnen, Tips und Hinweise zu den einzelnen Arbeitsbögen, Medienlisten und Kontrollblätter.

❑ Die Inselkartei
Burkhard Seidler, Dietmar Wagner
Ab Kl. 5, 66 S., A4, Papph.   35.00 DM

Wenn Ihre SchülerInnen reif für die Insel sind, wird Ihnen diese Kartei gerade recht kommen. Die 36 illustrierten Arbeitshilfen rund um das preisgekrönte Jugendbuch "Insel der blauen Delphine" von Scott O'Dell regen an, sich malend, schreibend, erzählend und spielend mit dem spannenden Buch und der Welt der Inseln auseinanderzusetzen. Die Mappe für einen offenen, kreativen Literaturunterricht umfaßt Inhalte und Arbeitsformen der Fächer Erdkunde, Biologie, Kunst, Englisch u.a. und eignet sich hervorragend für ein fächerübergreifendes Projekt. Sie enthält ausführliche Informationen für LehrerInnen und Hinweise zu den einzelnen Arbeitsbögen.

❑ Bananen
Eine Aktionsmappe
Jörg Ratz
GS / Sek I., 74 S., A4, Papph.   28.00 DM

Bananen sind faszinierende Früchte. Ein Stück "Alltagsökologie" und "-ökonomie" wird sichtbar an einem Gegenstand, mit dem wir fast täglich zu tun haben; unsere Verbindungen mit der sog. "Dritten Welt"; aber auch und unzertrennbar damit verbunden: Banane kulinarisch, Banane künstlerisch, Banane alternativ ... Unsere Mappe liefert Materialien, sich diesem "Genuß-Mittel" spielerisch und handelnd aus allen Blickwinkeln zu nähern.

❑ Sioux -
Wilde oder Weise?
Geschichte, Kultur, Widerstand
Brigitte und Dietrich Vater
**Ab Kl. 6, 97 S., A4, Papph.,
reich illustriert   32.00 DM**

Der Film "Der mit dem Wolf tanzt" hat das Interesse an nordamerikanischen Indianern wieder wachgerufen - an einem Thema, das es wert ist, weit mehr als eine Modeerscheinung bei westlichen Intellektuellen oder "Heilssuchern" zu sein. Nach einem Jahrhundert mühevollen Existenzkampfes fordern nordamerikanische Indianer heute verstärkt ihre Rechte ein und versuchen, ihr kulturelles Erbe vor dem Untergang zu bewahren. Das Buch spürt exemplarisch der Geschichte der Sioux nach und bietet vielfältige englisch- und deutschsprachige Materialien zu Lebensräumen, Lebensformen und Problemen der Indianer in South Dakota und regt zu projektorientierter Unterrichtsarbeit an.

❑ Projekt Zeit
Projektanregungen und Materialien
Jürgen Adam
**Ab 13 Jahre, ca. 80 S., A4, Papph.
ca. 30.00 DM**

Nehmen Sie sich ruhig etwas Zeit für dieses Projekt, denn die Zeit rast; die Zeiten ändern sich; die Zeit bleibt stehen; die Zeit heilt alle Wunden; even the good times are bad; Zeitung, Mode, Freizeit, Endzeit - alles zu Ende? Endlich gibt es eine Mappe über dieses endlose Phänomen, da wird die Zeit wie im Fluge vergehen. Und nicht vergessen: Bestellen Sie zeitig.

❑ New York - New York
Traum oder Alptraum?
Brigitte und Dietrich Vater
Ab Kl. 7, 97 S., A4, Papph.   32.00 DM

Wohl kaum eine andere Stadt provoziert derart kontroverse Erfahrungen und Kommentare wie New York City. Jugendlichen und Erwachsenen, deren Vorstellungen in der Regel durch Massenmedien geprägt worden sind, stellen sich im Zusammenhang mit der amerikanischen Metropole eine Reihe von Fragen, die durch Lehrbücher allein nicht beantwortet werden können. Aufgrund von Schülerfragen und Recherchen in N.Y.C. entstand eine Materialsammlung, die eine vertiefte Arbeit zu ausgewählten Aspekten der Stadt anregt: Einwanderer, Wolkenkratzer, Freiheitsstatue, ethnisches Miteinander usw.

❑ Feiern
oder Verzweifeln?
500 Jahre Kolonialismus in Amerika
Martin Geisz
**Ab 12 Jahre, 141 S. (einseitig bedruckt),
A4, Paperback   32.00 DM**

1492 begann für die "Indios" und "Indianer" Süd-, Mittel- und Nordamerikas die leidvolle Geschichte von Unterdrückung, Ausbeutung, Ermordung, aber auch von Selbstbehauptung und Widerstand. Daß die 500 Jahre seither beileibe **kein** Grund zum Feiern sind, belegt diese Materialmappe, die zahlreiche Möglichkeiten zur handelnden Auseinandersetzung mit Kolonialismus und "Indiokultur" bietet. Schwerpunkte: Alte Kulturen, Die Eroberung, die Lage der Indios heute, die Rolle der Kirche, Handelnd lernen - Lernend handeln, Sich engagieren.

Es handelt sich hier nur um einen kleinen Auszug aus unserem Programm. Wir senden Ihnen gerne den kostenlosen aktuellen Katalog.

Verlag an der Ruhr

Postfach 10 22 51, Alexanderstraße 54
4330 Mülheim an der Ruhr
Tel.: 0208 / 49 50 40, Fax: 0208 / 495 0 495

Für Bestellungen in der Schweiz:
informationsstelle schulbuch, Postfach, 5001 Aarau

❑ Bitte senden Sie mir Ihren Katalog.
❑ Hiermit bestelle ich folgende Titel:

Anzahl	Titel

Absender

PLZ   Ort

Schulform/Arbeitsbereich

Bemerkungen